LES ANIMAUX GÉANTS

AU CŒUR DU SUJET

LES ANIMAUX GÉANTS

Barbara Taylor

ROUGE & OR

Première publication de cet ouvrage en 2004
sous le titre *Animal Giants*
chez Kingfisher Publications Plc, Londres

Édition : Vicky Weber
Direction artistique : Mark Bristow, Carol Ann Davis
Consultant : David Burnie
Iconographie : Rachael Swann
Fabrication : Deborah Otter

Édition française :
© Rouge et Or 2005
Traduction : Pascal Varejka
Coordination : Véronique Roberty, Lise Corlay et Juliette Spiteri
Réalisation : ML Éditions, Paris

N° d'éditeur : 10123774
ISBN 2-26140067-5
Dépôt légal : septembre 2005
Imprimé à Singapour

Loi n°49-956 du 16 juillet 1949
sur les publications destinées à la jeunesse.

DÉCOUVERTE +

Sites Web et mini-bibliographie

Métiers

À visiter

ÉCHELLE

Nous avons essayé dans la mesure du possible de donner une idée de la taille des animaux décrits en les montrant à côté d'un être humain ou d'un arbre, par exemple. Comme cela n'a pas toujours été possible, on trouvera parfois un cartouche (voir à droite) indiquant la taille des animaux concernés par rapport à un homme mesurant 1,75 m.

Tortue géante | Faucon des Galápagos

NOTE AUX LECTEURS

Les adresses des sites Web citées dans ce livre sont valables lors de la publication. Mais, les changements étant fréquents sur Internet, les adresses et les contenus peuvent évoluer. Ces sites risquent aussi de proposer des liens non adaptés aux jeunes. L'éditeur ne saurait être tenu responsable des changements d'adresse ou de contenu des sites, ni des informations fournies par des sites tiers. Il est conseillé de faire des recherches sur Internet en compagnie d'un adulte.

AVERTISSEMENT

Beaucoup d'animaux géants mentionnés dans ce livre sont des prédateurs très dangereux, qu'il ne faut approcher sous aucun prétexte ni dans la nature ni dans un zoo.

À PROPOS DE CE LIVRE

N'oubliez pas qu'il subsiste bien des questions à propos de ces animaux et des raisons pour lesquelles ils sont si imposants. Beaucoup d'explications de leurs caractéristiques étonnantes ne sont que des théories – des idées avancées par des scientifiques, mais pas toujours prouvées. Des études scientifiques approfondies et la découverte de nouvelles espèces animales, fossiles ou vivantes, pourront modifier ou compléter ces théories.

Sommaire

Avec les animaux géants…

Ce livre regorge d'images et d'informations passionnantes sur toutes sortes d'animaux géants – des créatures incroyables qui partagent la planète avec nous. Mais attention ! Ce n'est pas parce que ces mammifères, ces reptiles, ces insectes et ces oiseaux sont géants, souvent assez grands et parfois assez redoutables pour se défendre, que leur survie est assurée. L'évolution montre que les animaux géants disparaissent – il suffit de penser aux dinosaures qui vivaient il y a plus de 65 millions d'années, ou au mammouth laineux, un proche de l'éléphant, qui parcourait la planète il y a 11 000 ans. Aujourd'hui encore, beaucoup d'espèces bien connues, comme le rhinocéros blanc et la jubarte, sont menacées d'extinction. Si nous n'y prenons pas garde, elles disparaîtront, comme les dinosaures et les mammouths, mais pas pour les mêmes raisons. Les dinosaures ont disparu à la suite de phénomènes naturels, alors que de nombreuses espèces modernes sont menacées parce que les hommes les tuent ou détruisent l'habitat indispensable à leur survie.

L'extinction d'espèces a-t-elle vraiment de l'importance ? Bien sûr, car la disparition d'une espèce a des répercussions sur d'autres animaux, d'autres plantes. Ainsi la mort des animaux servant de proie aux carnivores équilibre la vie dans leur habitat. Et quand l'éléphant se déplace dans les forêts ou dans la savane, il consomme toutes sortes de graines qui doivent transiter par son appareil digestif pour germer et favoriser un nouveau cycle de vie.

L'extinction compte aussi sur le plan esthétique et émotionnel. Que serait notre monde sans pandas géants, sans baleines bleues, sans gorilles de montagne ? C'est l'une des raisons pour lesquelles le WWF, l'Organisation mondiale pour l'environnement, travaille dans plus de 90 pays du monde entier. Le WWF s'occupe de protéger les espèces et les espaces menacés et de signaler les menaces globales qui pèsent sur la planète, pour le bien des humains et de la nature. En feuilletant *les Animaux géants,* vous découvrirez des animaux étonnants, beaux, bizarres, insolites, parfois horribles ! Mais quoi que l'on pense d'eux, il faut les protéger, pour assurer l'avenir de ces espèces et celui de notre planète. Car ces animaux géants font partie des richesses de la Terre.

Robert Napier

Robert Napier est directeur du WWF en Grande-Bretagne.
Le WWF (Fonds mondial pour la nature) s'efforce de protéger les espèces et les habitats menacés, et de limiter partout dans le monde la portée des dangers qui menacent les hommes et la nature.

Chapitre 1

Les plus grands sur Terre

Debout à côté d'un énorme dinosaure au long cou dressé haut vers le ciel, un humain aurait à peine pu atteindre les genoux de l'animal. Aucune créature terrestre actuelle n'est aussi colossale, et beaucoup de gros animaux ont été exterminés par les hommes. Mais on peut être surpris d'apprendre qu'il existe toujours des éléphants, des ours et des autruches qui regardent les hommes de très haut, des serpents aussi longs que des autobus et des insectes plus gros que des souris. Cela semble incroyable ? Voici quelques animaux hors du commun et bien des surprises !

Les géants d'autrefois

Les dinosaures à long cou ont été les animaux les plus grands et les plus lourds de tous les temps. Les plus grands étaient plus longs qu'un court de tennis et presque trois fois plus hauts qu'une girafe. Leur poids énorme devait faire trembler le sol. L'un des plus imposants, le brachiosaure, pesait autant que 15 éléphants d'Afrique ! Pourquoi étaient-ils si grands ? Les scientifiques ont avancé différentes théories.

▲ Ces trois dinosaures à long cou, le supersaure *(à gauche)*, l'ultrasaure *(au centre)* et le seismosaure *(à droite)* ont peut-être été les plus grands du genre. En l'absence de squelette complet, leur taille exacte suscite des controverses. Les os de l'ultrasaure découverts jusqu'à présent sont peut-être en partie ceux d'un brachiosaure et d'un supersaure.

Trop grands pour attaquer
Si un dinosaure moyen avait la taille d'un éléphant, certains ne dépassaient pas celle d'un poulet ! C'est l'énorme corpulence des herbivores à long cou qui a valu aux dinosaures leur réputation de gigantisme. Être grand avait indéniablement des avantages : cela permettait aux herbivores comme le brachiosaure et le diplodocus de survivre aux attaques de dinosaures carnivores plus petits. Ces géants ont transmis leurs caractéristiques impressionnantes à leur progéniture, et la taille des herbivores à long cou a augmenté de génération en génération, jusqu'au moment où elle a fini par diminuer en raison des problèmes rencontrés pour se nourrir et supporter le poids de ce corps énorme.

De gros mangeurs
Les dinosaures à long cou pouvaient manger beaucoup puisqu'ils atteignaient même les feuilles des plus grands arbres, et leur appareil digestif était capable de digérer de grosses quantités de végétaux, même coriaces. Dans leur énorme estomac, des bactéries contribuaient à désagréger les aliments, tout en produisant de la chaleur. Celle-ci devait accélérer leur digestion, la nourriture assimilée favorisant à son tour une croissance plus rapide.

Des animaux lents

Les dinosaures à long cou se déplaçaient à peu près à la même vitesse qu'un être humain marchant rapidement. Ils étaient bien trop lourds pour courir et se seraient probablement rompu les os s'ils avaient essayé. Quatre pattes massives comme des piliers supportaient leur masse. Et ils étaient corpulents : certains pesaient plus de 80 tonnes. Leur colonne vertébrale arquée soutenait leur corps un peu comme un pont suspendu. Leur squelette comportait beaucoup d'os évidés, dans le cou, la colonne vertébrale et la queue, qui réduisaient le poids d'ensemble de leur corps.

Des œufs de petite taille

Les femelles étaient peut-être plus grosses que les mâles pour supporter la pression liée à la ponte des œufs et s'occuper de leurs petits. Et pourtant, même les plus gros dinosaures pondaient des œufs relativement petits – les plus grands avaient la taille d'un petit melon. Plus gros, il leur aurait fallu des coquilles plus épaisses pour ne pas se casser. En outre, les petits en train de se développer à l'intérieur de l'œuf auraient manqué d'oxygène pour survivre et auraient aussi eu du mal à éclore.

Les géants de la période glaciaire

Les dinosaures n'ont pas été les seuls géants terrestres d'autrefois. Durant la dernière période glaciaire, qui s'est achevée il y a 10 000 ans environ, d'énormes mammifères vivaient sur Terre. Le mammouth laineux pouvait atteindre 4,50 m de haut, avec des défenses de plus de 5,20 m de long ; les paresseux géants étaient presque aussi grands que les éléphants actuels ; et les tatous géants avaient la taille d'une petite voiture. Le climat rigoureux a peut-être favorisé le développement de ces géants, car les espèces de grande taille se défendent mieux que les autres quand les ressources sont rares. En outre, les gros animaux se refroidissent moins vite, car la superficie du corps exposée à l'extérieur, par où s'échappe la chaleur, est plus petite que leur énorme masse interne.

◄ Les dinosaures à long cou, comme ce brachiosaure *(à droite)*, avaient une gueule assez large pour manger des plantes, mais une tête suffisamment petite pour ne pas trop peser sur leur long cou. Ils avaient sans doute un cœur assez puissant pour acheminer le sang jusque-là, avec des muscles spéciaux dans le cou et des valves empêchant le sang de refluer. Les carnivores, comme le cératosaure *(à gauche)*, avaient un cou plus court, plus robuste, et une grosse tête puissante pour mordre et agripper leurs proies.

L'éléphant d'Afrique

Les plus gros animaux terrestres actuels sont des mammifères. L'éléphant d'Afrique est le plus grand et le plus fort de tous. Un gros mâle pèse autant que 80 personnes ! Il a aussi les plus grandes oreilles et le plus long nez du règne animal. La taille de son cerveau est proportionnelle à son poids : c'est un animal très intelligent, doté d'une mémoire étonnante.

Un squelette robuste
L'éléphant d'Afrique possède un squelette très robuste capable de supporter son poids colossal. Ses quatre pattes rectilignes sont situées sous son corps, comme les pieds d'une table. Les os des pattes du mâle croissent jusqu'à 35-45 ans. Chez la femelle, la croissance s'arrête vers 25 ans. Comme le mâle grandit pendant la plus grande partie de sa vie, il peut devenir deux fois plus lourd que la femelle. Un grand mâle a plus de chance de battre ses rivaux et de s'accoupler.

◄ Cet éléphant charge, les oreilles déployées, en guise d'avertissement – pour paraître plus gros et plus menaçant. Quand il a les oreilles repliées, la tête baissée et la trompe repliée en arrière pour la protéger, cela indique qu'il compte attaquer. D'ordinaire, l'éléphant se déplace lentement, mais il peut soudain charger à 40 km/h – une vitesse bien supérieure à celle d'un humain en train de courir.

▼ À la naissance, après avoir passé près de deux ans dans le ventre de sa mère, le bébé éléphant pèse déjà 113 kg. Encore assez petit pour être attaqué par les lions et les hyènes, il reste toujours près de sa mère et du reste du troupeau. Il boit à peu près 11 litres du lait très nutritif de sa mère par jour et prend rapidement du poids au rythme de 10 à 20 kg par mois environ. Les éléphanteaux continuent à boire le lait de leur mère jusqu'à 5 ans environ.

Défenses et dents

Un éléphant n'a que quatre dents à la fois dans sa bouche. Ces énormes molaires, pesant chacune plus qu'une brique, ont des arêtes tranchantes, pour broyer les végétaux coriaces. Il leur faut bien cela, car un mâle peut manger 300 kg de végétaux par jour. Les dents apparaissent au fond de la bouche et progressent lentement vers l'avant. Quand elles finissent par se casser ou tomber, d'autres les remplacent. Vers l'âge de 70 ans, l'éléphant use sa dernière série de dents. Il ne peut donc plus mâcher correctement ses aliments, et sa vie touche à sa fin.

D'ordinaire, l'éléphant d'Afrique possède deux dents antérieures supplémentaires, appelées défenses. Elles sont en ivoire et poussent hors de sa bouche toute sa vie durant; les plus longues mesuraient 3,50 m, et les plus lourdes pesaient 115 kg. Les éléphants aux grandes défenses sont devenus rares, car beaucoup ont été tués pour leur ivoire. Ce matériau facile à sculpter se conserve longtemps et a une grande valeur marchande.

▲ L'énorme poids de l'éléphant repose sur la pointe de ses orteils et sur un coussinet élastique, au talon, qui absorbe les chocs. Cela étouffe le son des objets sous ses pieds, faisant de l'éléphant un géant étonnamment silencieux.

De grandes oreilles

Les oreilles de l'éléphant d'Afrique sont trois fois plus grandes que celles de l'éléphant d'Asie, qui vit dans des régions moins chaudes. De la taille d'une nappe, elles lui servent de thermostat : il les secoue pour se rafraîchir. C'est nécessaire parce que son gros corps évacue lentement la chaleur et qu'il ne transpire pas.

◀ Dressé sur ses pattes arrière, cet ours brun de l'Alaska peut atteindre 2,80 m. Son gardien avec qui il lutte amicalement semble fragile à côté. Ses immenses griffes antérieures peuvent être aussi longues qu'une main d'homme. Dans la nature, ces armes meurtrières lui sont très utiles aussi pour déterrer des aliments ou creuser une tanière.

Du côté des ours

Imaginez-vous en face d'un ours pesant huit fois plus que vous et mesurant près de 3 m une fois dressé. Rassurez-vous, il y a peu de risques que cela arrive, car, dans la nature, les plus gros ours, l'ours polaire et le kodiak – l'ours brun d'Alaska – évitent les hommes. Heureusement, car ils ont un tempérament fougueux et courent plus vite qu'un champion olympique.

Une force redoutable

Le plus gros ours qui ait jamais vécu sur Terre est aussi le plus grand mammifère carnivore terrestre connu. Deux fois plus grand qu'un kodiak, l'ours à tête courte était absolument terrifiant. Il vivait il y a des millions d'années en Amérique du Nord et chassait sans doute les chameaux, les bisons et les chevaux préhistoriques. Plus petits, l'ours polaire, le kodiak et le grizzli – un autre type d'ours brun – d'aujourd'hui restent les plus gros carnivores terrestres actuels. Leur taille et leur corps puissant en font des prédateurs redoutables.

Des régimes alimentaires adaptés

Les ours polaires sont les seuls à se nourrir uniquement de viande ; les autres mangent presque de tout, des racines et des feuilles aux insectes et aux cerfs. Le grizzli mange très peu de viande mais, quand il chasse, il est terrifiant. Il s'attaque à de gros animaux comme le caribou, qu'il renverse grâce à la force de ses épaules et de ses griffes. Il peut lui broyer le crâne d'un seul coup, et lui ouvre les os des pattes à l'aide de ses puissantes mâchoires pour en manger la moelle.

Parmi les ours bruns, le champion des poids lourds est le kodiak de l'île du même nom, en Alaska. Il pèse parfois autant qu'une petite voiture, car il vit dans une région au climat doux et humide offrant d'abondantes ressources alimentaires. Tout en disposant de quantité de baies et de plantes, le kodiak se régale aussi de saumon riche en graisses et en protéines qui lui donnent des muscles.

Un géant très particulier

Bien qu'il soit qualifié de « géant », le panda géant est l'un des deux plus petits ours. Il mesure 1,60 m – à peu près la taille d'une femme adulte moyenne – et ne pèse pas plus de 125 kg. On le croit souvent apparenté au raton laveur, mais des tests génétiques ont montré que c'était bien un ours, bien qu'il ne se comporte pas vraiment comme ses proches parents : il n'hiberne pas et il est végétarien, dépendant du bambou qui lui fournit 99 % de son alimentation.

► Les pattes antérieures du panda géant possèdent un faux pouce, sorte de protubérance coriace. Le panda s'en sert pour tenir les tiges de bambou. Les robustes griffes recourbées l'aident à grimper aux arbres et à creuser.

▼ La girafe regarde le monde du haut de ses 6 m – elle est plus grande qu'un autocar à deux étages. Son cœur puissant propulse le sang dans son long cou pouvant atteindre 2,40 m. Cette gracieuse géante a non seulement un long cou, mais elle a aussi une très longue langue flexible, qui lui permet même de se lécher les yeux et les oreilles. Elle s'en sert pour arracher les feuilles sur les branches les plus élevées.

Des parties du corps remarquables

Certains animaux ont des parties du corps – cornes, défenses, bois, yeux, oreilles, nez – énormes et vraiment étonnantes. Et pas seulement les animaux gigantesques : le petit galago a des yeux immenses qui lui mangent la face et qui lui permettent de voir dans le noir. Ces parties du corps surdimensionnées exercent des fonctions très variées : trouver à manger, évincer ses rivaux pour s'accoupler, repousser les attaques, réguler sa température...

Trouver à manger
Certaines parties du corps très longues permettent à des animaux de trouver à manger dans des endroits inaccessibles à certains. Le long cou de la girafe et la longue trompe extensible de l'éléphant leur donnent accès aux feuillages situés en haut des arbres. Le fourmilier et le pic peuvent introduire leur longue langue poisseuse dans les fentes où se cachent les insectes et en attraper beaucoup à la fois. Le long bec du toucan l'aide à atteindre des fruits accrochés à des branches trop fines pour s'y poser ; celui du pélican, assez semblable à une poche, à saisir les poissons qu'il mange. Le plus long bec d'oiseau est celui du pélican australien : il peut mesurer entre 34 et 47 cm et contenir davantage de nourriture que son estomac.

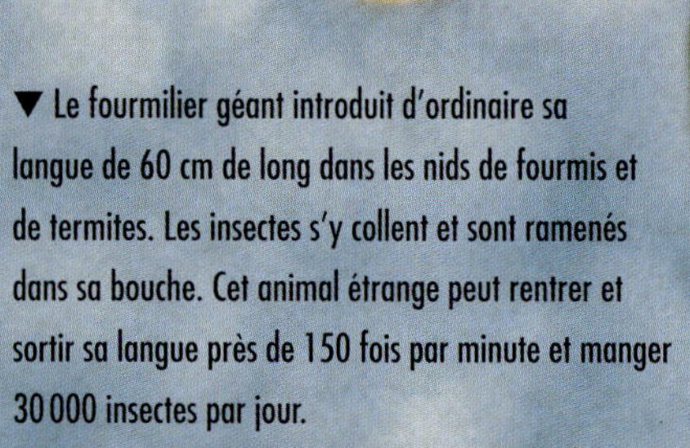

▼ Le fourmilier géant introduit d'ordinaire sa langue de 60 cm de long dans les nids de fourmis et de termites. Les insectes s'y collent et sont ramenés dans sa bouche. Cet animal étrange peut rentrer et sortir sa langue près de 150 fois par minute et manger 30 000 insectes par jour.

Des parures de tête impressionnantes

Trois types de parures immenses, les cornes, les défenses et les bois, servent à se défendre ou à combattre les rivaux ; les défenses aident aussi à se procurer de la nourriture. Les cornes sont constituées de kératine (comme nos cheveux et nos ongles), et les bois sont en os ; les défenses sont de très longues dents faites d'un matériau dur, la dentine. D'ordinaire, l'animal garde ses cornes et ses défenses toute sa vie, alors que les bois tombent et repoussent chaque année.

Les animaux les plus imposants possèdent les cornes, les défenses et les bois les plus remarquables. Le buffle d'eau sauvage a les plus longues cornes : leur envergure équivaut à la taille de deux hommes allongés tête contre tête. Les cornes, étant creuses, ne sont pas aussi lourdes qu'on pourrait le croire. Le plus gros cervidé du monde, l'élan, a des bois pouvant atteindre 2 m d'envergure. Et l'éléphant d'Afrique, l'animal terrestre le plus imposant, possède les plus longues défenses. Les plus grandes connues faisaient 3,50 m – à peu près la moitié de la largeur des buts d'un terrain de football.

▼ L'immense corne antérieure du rhinocéros blanc peut être deux fois plus longue que notre bras. On a tué tant de rhinocéros pour cette corne qui sert à faire des médicaments et des manches de poignard que certaines espèces sont menacées d'extinction.

Conserver la chaleur ou la fraîcheur

De grands attributs aident certains mammifères à réguler la température de leur corps. Les grandes oreilles de l'éléphant, du fennec, du lièvre d'Amérique font office de ventilateur et les rafraîchissent. Le bœuf musqué est le mammifère aux plus longs poils. Ceux de sa toison externe ont près de 1 m et lui tiennent chaud dans son habitat arctique.

► Un hippopotame écarte les mâchoires en grand pour un examen dentaire. Ses lèvres ont près de 70 cm de large, et les défenses de sa mâchoire inférieure peuvent mesurer 50 cm. Elles sont assez robustes pour transpercer une embarcation de bois, mais elles ne servent que pour se défendre ou combattre les rivaux.

Les géants des îles

De vrais dragons, des tortues aussi lourdes que trois personnes, des crabes aussi gros qu'un chat… Personne ne sait pourquoi ces géants des îles, qui ont inspiré légendes et cauchemars, sont devenus si gros. Peut-être qu'il y a moins de concurrence par rapport aux ressources, que les prédateurs sont moins nombreux, ou que les espèces plus grosses survivent mieux aux traversées en mer.

Une croissance continue
Certains reptiles, comme les tortues géantes et le dragon de Komodo, le plus gros lézard du monde, croissent toute leur vie. Dans les îles, la nourriture abonde, et les prédateurs sont rares. Ils peuvent donc vivre très longtemps et atteindre une taille gigantesque. Les tortues géantes des Galápagos peuvent vivre près de 150 ans et mesurer plus de 1,30 m.

Une carapace protectrice
Le plus gros crustacé terrestre du monde, le crabe des cocotiers, est apparenté au bernard-l'ermite. Ce dernier vit dans une coquille vide pour protéger son abdomen mou, mais sa croissance est limitée par la taille de son habitat. Les jeunes crabes

▲ Cette tortue géante de Fregate Islet, aux Seychelles, est presque aussi haute qu'un jeune enfant. Ces tortues, sans doute arrivées de Madagascar en dérivant sur des amas de branchages, étaient probablement déjà géantes. Le fait d'être grosses et d'avoir des réserves de graisse supplémentaires les aide à subsister pendant la saison sèche de l'été, durant laquelle la nourriture et l'eau sont rares.

des cocotiers s'abritent eux aussi dans des coquillages vides pendant quelques semaines, mais les adultes abandonnent ces abris d'emprunt et continuent leur croissance. Quand ils quittent le coquillage, une enveloppe dure leur couvre l'abdomen. Quand ils grandissent, ils muent et acquièrent une autre carapace plus large. Les cocotiers prospèrent dans les îles, et les crabes disposent en abondance de leur aliment favori (la noix de coco), ce qui leur permet d'atteindre 1 m de long.

Les festins des îles

Bien qu'énormes, les tortues géantes et les crabes des cocotiers sont végétariens. Le dragon de Komodo, lui, est moins inoffensif. Pouvant atteindre 3 m, il lui arrive de manger un buffle d'eau, voire un homme. Les îles où il vit n'abritent aucun autre grand prédateur, sans doute parce que les gros mammifères ne survivent pas à de longs voyages en mer sans manger. Le grand lézard serait devenu encore plus gros en mangeant les éléphants nains qui vivaient dans ces îles il n'y a pas si longtemps.

▲ Il est très risqué de se tenir si près d'un dragon de Komodo pour prendre une photo-souvenir. Ce n'est pas un animal très rapide, mais ses griffes acérées sont meurtrières. Sa gueule regorge de bactéries infectieuses : même une petite morsure peut s'avérer fatale.

◀ Deux crabes des cocotiers s'attaquent à une noix de coco avec leurs puissantes pinces. C'est leur nourriture favorite et ils peuvent parcourir de grandes distances pour en trouver, grimpant même aux arbres pour les faire tomber. On les surnomme aussi parfois « crabes voleurs », car ils dérobent tout ce qu'ils peuvent saisir avec leurs pinces.

De puissants serpents

On raconte souvent d'horribles histoires de serpents géants mangeurs d'homme. Mais existent-ils ? En fait, on a répertorié peu de serpents de plus de 9 m, et les chercheurs ne s'accordent pas sur leur longueur exacte. Certains grands serpents, comme le python et l'anaconda, sont dangereux en raison de leur taille, mais en général, ils n'attaquent pas l'homme. Ces grands serpents sont peu répandus aujourd'hui, car ils sont chassés et leur habitat est détruit.

► Le python de Seba est le plus gros serpent d'Afrique. Celui-ci est en train d'avaler une antilope qui lui fournira assez d'énergie pour survivre pendant plusieurs mois. Pour avaler une si grosse proie, le serpent déboîte ses mâchoires flexibles et dilate son corps couvert d'écailles. Contrairement à nous, il peut respirer en avalant parce qu'il repousse sa trachée vers l'avant de sa gueule.

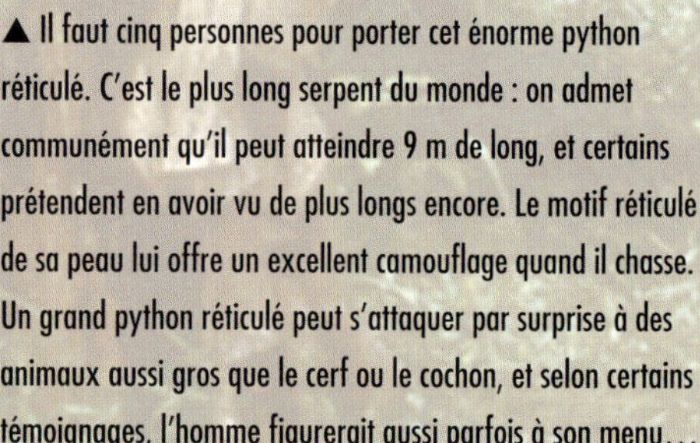

▲ Il faut cinq personnes pour porter cet énorme python réticulé. C'est le plus long serpent du monde : on admet communément qu'il peut atteindre 9 m de long, et certains prétendent en avoir vu de plus longs encore. Le motif réticulé de sa peau lui offre un excellent camouflage quand il chasse. Un grand python réticulé peut s'attaquer par surprise à des animaux aussi gros que le cerf ou le cochon, et selon certains témoignages, l'homme figurerait aussi parfois à son menu…

Six serpents de taille

Les six plus grands serpents sont tous des boas et des pythons. Ces serpents constricteurs emprisonnent leur proie dans leurs anneaux et la tuent par étouffement. L'anaconda et le boa constricteur vivent en Amérique du Sud ; le python indien et le python réticulé en Asie. Le python de Seba est africain et le python améthyste vit en Australie et en Nouvelle-Guinée. Le plus long des six est le python réticulé, qui peut être aussi long qu'un autobus !

Le plus lourd est l'anaconda ; il peut peser jusqu'à 220 kg. Les anacondas atteignent une si grande taille en partie parce qu'ils vivent dans les cours d'eau de la forêt pluviale amazonienne, où l'eau contribue à supporter leur poids. Par ailleurs, ils continuent de croître (bien qu'à un rythme plus lent) même une fois adultes. Ainsi, ceux qui vivent longtemps, sans se faire tuer, atteignent des tailles incroyables et deviennent de véritables monstres.

De gros appétits
Un grand serpent doit beaucoup manger. Ce n'est pas simple pour un animal dépourvu de pattes, car il doit attendre qu'une proie passe à sa portée. Ces serpents vivent donc dans les endroits où la nourriture abonde, comme la forêt pluviale. Ils s'emparent de grosses proies qui leur fournissent assez d'énergie pour survivre plusieurs mois. L'anaconda peut s'attaquer à un animal aussi gros qu'un caïman *(lire page 59)*, un cerf ou même un jaguar. Certains grands serpents vivent aussi dans les cours d'eau marécageux, où les gros mammifères ne leur font pas de concurrence.

De rusés chasseurs
Le python dispose d'un dispositif très efficace pour chasser. Ses mâchoires sont munies de fossettes thermosensibles qui détectent la chaleur émise par un animal proche. Cela l'aide à repérer une proie dans le noir ou dans la végétation dense. Un gros python peut s'emparer d'un animal aussi gros qu'un cochon, une antilope, ou même un léopard. Quand il fait un repas aussi copieux, son appareil digestif se dilate et décompose la nourriture pour lui permettre d'assimiler le plus d'éléments nutritifs possible.

Conserver la chaleur
Le serpent est un animal à sang froid. Sa température varie avec celle de son environnement, et son corps ne reste pas toujours chaud comme le nôtre. Un grand serpent met plus de temps à se réchauffer qu'un petit, et c'est pour cela qu'ils vivent dans les régions chaudes. Leur corps doit se réchauffer pour agir et, dans un endroit froid, cela leur prendrait trop de temps. La température de l'eau étant plus constante que celle de l'air, les serpents qui vivent en grande partie dans l'eau maintiennent mieux la température de leur corps.

Insectes hors normes

Les insectes, qui sont les animaux les plus répandus sur notre planète, dépassent rarement 25 mm. Grâce à leur petite taille, ils se nourrissent de peu et vivent dans des endroits exigus. Même les plus gros tiennent sur ces deux pages.

▲ Le titre de plus long coléoptère revient à *Titanus giganteus*, qui peut atteindre 16 cm. Il vit en Amérique du Sud, dans le bassin de l'Amazone. Quand l'adulte sort de sa chrysalide, il vit deux à trois semaines, sans s'alimenter. Il se défend à l'aide de mâchoires assez robustes pour percer un crayon. Le scarabée hercule mâle, encore plus long, peut atteindre 19 cm, mais la moitié de sa taille est due à la longue corne avec laquelle il se bat.

◀ Le scarabée goliath d'Afrique, ici à peu près réduit de moitié, est sans doute presque aussi grand que la main d'un enfant. C'est l'insecte le plus lourd et le plus volumineux, mais cela ne l'empêche pas de voler. Le mâle, en général plus lourd que la femelle, pèse presque autant qu'une pomme.

Respirez bien fort

L'une des raisons de la petite taille des insectes tient à leur appareil respiratoire : il ne fonctionnerait pas s'ils étaient plus grands. L'oxygène de l'air pénètre dans leur corps par des trous situés sur leurs flancs. Il passe ensuite par un système de tubes ramifiés, les trachées, et s'infiltre lentement dans les tissus. Plus l'insecte est grand, plus l'oxygène doit parcourir de chemin. Les gros insectes ont d'ordinaire une structure fine, pour que l'oxygène atteigne facilement toutes les parties de leur corps. Les plus gros vivent d'ailleurs dans les régions tropicales où l'oxygène se répand plus rapidement dans leurs tissus, car les températures élevées facilitent son absorption.

Une pompe corporelle
Pour renforcer l'efficacité de leur appareil respiratoire, les insectes ont besoin d'encore plus d'oxygène. Une sorte de système de pompage brasse l'oxygène autour d'eux. Certains gros insectes, comme les sauterelles et les wetas, compriment leur abdomen pour introduire l'air de force dans leurs tubes respiratoires.

La croissance et les mues
Les insectes n'ont pas de squelette interne pour soutenir leur corps, comme nous. Mais ils possèdent un lourd squelette externe, ou exosquelette, qui limite leur taille, car ils n'auraient pas la force d'en porter un assez gros pour couvrir un corps plus important.

Par ailleurs, l'exosquelette ne pouvant pas se dilater, le jeune insecte le perd pour atteindre sa taille adulte. Ce processus – la mue – se produit plusieurs fois au cours de la phase immature du cycle de vie de l'insecte, lorsqu'il est une larve, une chenille, un asticot ou encore une nymphe. Durant la mue, rien ne soutient le corps ; un très gros insecte risquerait donc de se désagréger sous son propre poids. Une fois adultes, les insectes cessent de croître et donc de muer.

◀ Le plus grand insecte est le phasme géant des forêts pluviales d'Indonésie. Sous les tropiques, la chaleur et la nourriture abondante permettent aux insectes d'atteindre de grandes tailles. Celui qui s'étale sur les deux pages est reproduit grandeur nature. Son corps semblable à une brindille se distingue très difficilement quand il est posé, immobile, sur une plante ligneuse.

Des géants préhistoriques
Il y a des millions d'années vivaient des insectes bien plus gros que ceux d'aujourd'hui. Le plus gros, une libellule appelée *Meaneura monyi,* a vécu il y a 300 millions d'années. Ses ailes, aussi grandes que celles d'une mouette, avaient une envergure de 75 cm. Son plus grand parent moderne est la grande demoiselle *Megaloprepus coerulatus,* avec une envergure de 19 cm. On imagine que ces insectes géants existaient autrefois parce que l'air contenait plus d'oxygène. Il y a des millions d'années, il comportait près de 33 % d'oxygène, contre 20 % seulement aujourd'hui. Les insectes géants, pouvaient alors absorber assez d'oxygène pour survivre.

▶ Aussi long qu'une carotte et aussi lourd que trois souris, le weta géant de Nouvelle-Zélande est une sorte d'énorme grillon. Dépourvu d'ailes, il est sans doute trop lourd pour voler. La destruction de leur habitat et l'introduction de prédateurs comme le rat a énormément limité le nombre des wetas géants.

Petites, mais colossales

Ces géants-là semblent sortis tout droit d'un film d'horreur – personne ne voudrait en voir un se promener sur son lit ! Beaucoup de ces « petites bêtes » ne sont pas des insectes. En fait, cette catégorie groupe des mille-pattes et des araignées géants, des vers énormes et des escargots plus gros que cette page.

▲ La morsure du mille-pattes géant peut être extrêmement douloureuse car il injecte une forte dose de venin toxique – en général, sans danger pour un adulte en bonne santé. Par chance, les mille-pattes géants comme celui-ci ne nous mordent pas à moins de se sentir menacés. Comme leur corps s'assèche facilement, ils sortent surtout la nuit, quand l'air est frais et humide.

Des merveilles privées d'ailes

La plupart des insectes ont des ailes, et si leur corps était trop gros et trop lourd, ils ne pourraient pas voler. Les « petites bêtes » qui ne sont pas des insectes, comme les araignées, n'ont pas ce problème. Elles marchent, courent, se faufilent, sur le sol ou dans un terrier, et peuvent parfois atteindre une taille incroyable.

▶ La mygale de Leblond peut atteindre la taille d'une assiette, mais son venin n'est pas mortel pour nous et c'est une créature généralement craintive. Mais si elle se sent menacée, elle projette des poils barbelés, très irritants s'ils se plantent dans la peau.

Gros et venimeux : une combinaison meurtrière

Les plus grosses « bestioles » vivent dans les endroits chauds où elles trouvent de la nourriture en abondance. Ce sont des prédateurs efficaces, capables de saisir d'assez grosses proies. Le mille-pattes géant peut paralyser un petit oiseau avec ses pinces venimeuses. La plus grosse araignée, la mygale de Leblond, peut s'attaquer à des proies de même taille qu'elle en leur injectant du venin à l'aide de ses crochets. Il n'est pas aussi puissant que celui d'araignées plus petites, mais la mygale s'appuie aussi sur sa grande taille et sur sa force.

Les limites de la croissance

Comme chez les insectes, la taille de certaines petites bêtes comme les mille-pattes et les araignées est limitée par leur appareil respiratoire et leur exosquelette, dont elles doivent changer pour croître. Chez certaines, cela n'a lieu que lorsque l'animal est jeune, comme chez la plupart des araignées. Chez d'autres, l'adulte continue à muer et à croître. Les mygales femelles, par exemple, peuvent vivre 20 ans, voire plus, pendant lesquels elles croissent en muant à l'occasion pour remplacer certaines parties du corps abîmées ou usées, comme les poils.

▲ Le ver de terre géant d'Australie est si grand qu'il évoque plus un serpent qu'un ver. Complètement étiré, ce géant peut atteindre 4 m de long – trois ou quatre fois la taille d'un enfant ! Ce ver n'est pas seulement remarquable parce qu'il est énorme, mais aussi parce qu'il est bruyant. Quand on piétine la terre au-dessus de son terrier, il s'inquiète et se déplace rapidement dans les galeries constituant sa demeure souterraine, en produisant un gargouillis très distinct qui s'entend 2 m plus haut, en surface. Ce bruit est produit quand le ver glisse sur un fluide qu'il sécrète pour rendre glissantes les parois du terrier.

▲ L'émeu peut mesurer plus de 2 m ; c'est le plus gros oiseau d'Australie et le second du monde par sa taille. Il passe la majeure partie de son temps à manger des fruits, des fleurs, de l'herbe, des graines et des insectes. En automne, le mâle mange le plus possible pour constituer des réserves de graisses suffisantes pour toute la durée de la période de reproduction. En effet, il passe toute cette période sans manger, à couver les œufs dans son nid.

Les plus gros oiseaux

Si les plus gros oiseaux, comme l'autruche d'Afrique, l'émeu et le casoar d'Australasie, le nandou d'Amérique du Sud, sont bien trop lourds pour voler, ils courent en revanche très vite. Leurs « ancêtres » préhistoriques ne volaient pas non plus. L'aepyornis, ou oiseau-éléphant de Madagascar, était un géant se déplaçant lentement et pesant autant qu'une vache, et le moa géant de Nouvelle-Zélande, le plus gros oiseau ayant jamais existé, avait la taille de deux hommes.

Des « oiseaux radeaux »

Autruches, émeus, nandous, casoars et kiwis appartiennent à un groupe d'oiseaux appelés ratites. Ce nom venant du mot latin *ratis* (« radeau ») fait allusion à la forme plate de leur sternum. Ils présentent d'autres caractéristiques, comme leurs petites ailes et leurs plumes duveteuses dépourvues de barbes – ces crochets unissant les faces de chaque plume pour les rendre aérodynamiques en vol.

Quels grands yeux !

Le plus gros oiseau vivant est l'autruche. Elle peut atteindre 2,50 m, soit la hauteur d'un but de football. Elle a les plus grands yeux *(lire page 7)* de tous les vertébrés terrestres. Avec sa vue perçante, elle détecte les prédateurs et la nourriture à 3,5 km à la ronde.

Des cous comme des périscopes

Les autruches, les émeus et les nandous ont un très long cou leur permettant de voir fort loin dans les savanes où ils vivent. Celui de l'autruche mâle peut atteindre 1,50 m, soit la taille d'un enfant d'une dizaine d'années. C'est un peu comme un périscope incorporé. Ce cou flexible lui permet également d'atteindre toutes sortes d'aliments, comme les feuilles et les graines, sur le sol et dans les fourrés.

▲ Les plus gros oiseaux du monde pondent aussi des œufs énormes. C'est l'autruche qui pond le plus gros de tous. Il équivaut à 24 œufs de poule et peut supporter le poids d'un homme. Mais d'autres oiseaux ont pondu des œufs encore plus gros jadis. Celui de l'oiseau-éléphant *(ci-dessus, à gauche)* correspondait à 220 œufs de poule ou à 9 œufs d'autruche !

Vitesse et puissance

À part les kiwis, les ratites sont de très gros oiseaux aux grandes pattes musclées faites pour courir vite. Le plus rapide, l'autruche, peut courir à 70 km/h – plus vite qu'un cheval. La plupart des oiseaux ont trois ou quatre doigts, mais l'autruche n'en a que deux. Cela réduit au minimum le contact avec le sol, atténue l'effet de la friction (une force qui la ralentirait), et fait d'elle la créature à deux pattes la plus rapide. Cette rapidité lui permet d'échapper aux prédateurs, puisqu'elle ne peut pas s'envoler. Si un carnivore s'approche, les puissants orteils sont aussi des armes efficaces. Un coup de pied d'autruche peut nous briser le crâne, et des humains ont été piétinés à mort par des casoars qui voulaient protéger leurs petits.

▲ Le moa géant de Nouvelle-Zélande pouvait atteindre 3,70 m. C'était un ratite, comme l'oiseau-éléphant, l'émeu, l'autruche, le nandou, le casoar et le kiwi. Le moa était le seul oiseau complètement dépourvu d'ailes que l'on connaisse. Malheureusement, cet oiseau extraordinaire était trop facile à chasser, et les moas les plus grands ont probablement disparu vers la fin du XVIIe siècle ; des espèces plus petites ont peut-être survécu jusqu'au XIXe siècle.

◀ Les émeus sont des champions de marathon, capables de couvrir de grandes distances à la vitesse constante de 7 km/h en quête de nourriture et d'eau. Ils peuvent aussi pousser des pointes à 48 km/h.

IMPORTANT À RETENIR ! LES PLUS GRANDS SUR TERRE

Girafe

Prédateurs et proies
Une grande taille paraît être un avantage à la fois pour les prédateurs qui peuvent aisément terrasser leurs proies et pour les proies qui courent également moins de risques.

Manger et grandir beaucoup
Les gros animaux doivent manger beaucoup. Comme les régions chaudes tropicales abritent la plus grande variété d'êtres vivants, elles offrent le plus de nourriture, et beaucoup d'animaux hors normes, comme les insectes géants, y vivent. Mais tous les endroits aux ressources alimentaires abondantes peuvent abriter des animaux géants. Le kodiak vit dans une île de l'Alaska, où il se nourrit de baies et de saumon.

Une longue vie
Quand un animal vit et se développe sur une longue période, il peut devenir très gros. L'éléphant mâle est souvent plus gros que la femelle parce que sa croissance dure plus longtemps. Les reptiles grandissent toute leur vie. Cela a permis à certains, comme le dragon de Komodo et les tortues géantes, d'atteindre des tailles imposantes. Les tortues font partie des animaux de la planète qui vivent le plus longtemps, parfois 200 ans.

Petit et imposant
Quand on parle de géants, on pense peu aux insectes et autres petites bêtes. Même les plus gros sont relativement petits, sans doute parce que leur exosquelette et leur appareil respiratoire ne supporteraient pas un plus gros corps. Mais c'est avantageux aussi d'être petit : les petites bêtes, vivant dans des endroits très divers et mangeant toutes sortes d'aliments, sont les animaux les plus nombreux et les plus diversifiés. La terre n'offre pas assez d'espace ni de ressources alimentaires pour abriter des animaux géants très nombreux ou très variés.

DÉCOUVERTE +

… sur les menaces qui pèsent sur les animaux : www.wwf.ch/fr/lewwf/notre mission/especes/Especes/index.cfm

… sur les dinosaures : http://membres.lycos.fr/dragosaure/dino/especes.html

… sur les mammouths disparus : www.mammuthus.org

Dinosaures, seigneurs de la Terre, (Nathan, 2002)

La Grande Encyclopédie des dinosaures, de David Norman (Gallimard-Jeunesse, 2001)

L'Univers des serpents, de Johan Marais (Solar, 2003)

Insectes et Araignées, de David Burnie (Nathan, 2003)

Le biologiste étudie les êtres vivants. La biologie comporte diverses branches, comme la zoologie (étude des animaux) et l'anatomie (étude des structures).

L'écologiste étudie l'adaptation des êtres vivants à leur environnement et le moyen de les protéger.

Le paléontologue étudie les vestiges fossiles d'espèces ayant vécu il y a très longtemps.

Le garde forestier ou le gardien de zoo s'occupent des animaux dans les parcs animaliers ou les zoos.

Le chercheur scientifique avance des théories et cherche à les vérifier.

La Ferme des reptiles
09240 La Bastide-de-Sérou
Tél. : 05 61 65 82 13
www.lafermedesreptiles.com

Le parc zoologique de Thoiry
Parc et château de Thoiry
78770 Thoiry-en-Yvelines
Tél. : 01 34 87 40 67
http://thoiry.geniebuilder.com/actualites.htm

« Autruches de Plumelec »
Le Grand Moyet – 56420 Plumelec
Tél. : 02 97 42 22 18
http://autruches-plumelec.com

Planète sauvage
« La Chevallerie » – BP 3
44710 Port Saint-Père
Tél. : 02 40 04 87 43
www.planetesauvage.com

Chapitre 2

Les titans du ciel

S'élancer dans le ciel à bord d'un planeur est ce qui ressemble le plus au vol animal. Beaucoup d'humains envient la puissance et l'aisance extraordinaires des créatures vivantes en mesure de voler. C'est pourquoi les oiseaux, les chauves-souris et les insectes géants sont traités avec un respect mêlé de crainte et ont inspiré bien des mythes et des légendes au fil des siècles. Les ailes couvertes de plumes restent les instruments de vol les plus adaptés à toutes les situations et les plus impressionnants. Les plus grandes, les plus puissantes sont celles de l'aigle, de l'albatros et du vautour.

Les géants d'autrefois

Les dinosaures ne volaient pas, mais les ptérosaures, des reptiles qui leur étaient sans doute apparentés, ont été les plus gros animaux volants de tous les temps. Ils ont vécu aux côtés des dinosaures pendant 165 millions d'années et se sont éteints en même temps. Les premiers ptérosaures, au corps en forme de croix, avaient des dents acérées et une longue queue. Finalement, ces petits ptérosaures ont disparu, laissant les ptérodactyles, des ptérosaures à queue courte, maîtres du ciel. Certains sont devenus très grands : l'un d'eux avait la taille d'un petit avion !

Des géants très légers

Les ailes des ptérosaures étaient faites d'une double membrane de peau tendue par un doigt particulièrement long et par des fibres flexibles résistantes qui les rendaient rigides et maintenaient leur forme. Elles étaient très semblables aux ailes de chauve-souris, faites aussi de peau, mais plus flexibles et tendues par trois ou quatre doigts.

Leur squelette était très léger, avec des os creux à paroi fine. N'étant pas entravés par un corps lourd, les ptérosaures pouvaient voler vite, aisément. L'un des plus gros, le ptéranodon, avait une envergure de 9 m et pesait à peu près autant qu'un grand cygne ou un pélican, les plus gros oiseaux aquatiques actuels.

En planant ou en battant des ailes

Les plus gros ptérosaures avaient de très longues ailes et planaient parfaitement, ce qui économisait leur énergie. Certains, comme le ptéranodon, survolaient peut-être la mer en quête de poisson, comme l'albatros. Les petits ptérosaures volaient surtout en battant des ailes.

Les ailes, mues par de grands muscles, pouvaient osciller d'avant en arrière et pivoter, comme battre de haut en bas. Les ptérosaures contrôlaient sans doute bien leur direction et leur vitesse en vol, grâce à leurs ailes très maniables, à leurs doigts, à leur crête crânienne et aux palmures de leurs pattes. Ils devaient voler assez lentement, comme les oiseaux et les chauves-souris d'aujourd'hui, qui ne dépassent pas 10 à 15 km/h en vol. Mais certains ptérosaures géants ont peut-être atteint les 50 km/h. Selon toute probabilité, ils volaient très bien et ils migraient peut-être très loin pour se nourrir ou pour échapper aux changements climatiques saisonniers.

▼ Avec une envergure de 10 m, le quetzalcoatlus au bec sans dents en forme de poignard a dû être le plus grand des ptérosaures. Baptisé ainsi en l'honneur du dieu serpent à plumes des Aztèques, il avait deux fois la taille des plus gros oiseaux volants actuels. À la différence de la plupart des ptérosaures, il vivait à l'intérieur des terres, et non au bord de la mer. Il devait se laisser porter par les courants d'air chaud ascendants, comme le vautour. C'était sans doute un charognard se nourrissant des restes de dinosaures morts. Selon une autre théorie, c'était une sorte de cigogne géante qui happait des grenouilles et d'autres petits animaux dans les marais.

Des cerveaux et des poils

En plus des ailes, deux autres caractéristiques ont pu aider les ptérosaures à voler. D'une part, leur cerveau relativement gros qui leur permettait sans doute de contrôler les mouvements nécessaires pour se mouvoir. D'autre part, les ptérosaures étaient probablement des animaux à sang chaud, comme les chauves-souris et les oiseaux, ce qui signifie que leurs muscles restaient suffisamment chauds pour voler à tout moment.
Des traces de courtes fibres semblables à des poils, sur le corps de certains ptérosaures fossiles, semblent l'attester : les « poils » devaient aider les ptérosaures à maintenir leur corps chaud, à une température constante.

Les albatros

Survolant sans effort les océans les plus battus par les vents de l'hémisphère Sud, les albatros sont des planeurs spectaculaires. Ils peuvent rester des heures dans le ciel sans mouvoir leurs longues ailes. Il en existe 14 espèces ; les grands albatros – l'albatros royal, l'albatros hurleur et l'albatros de l'île Amsterdam – sont les plus grands oiseaux marins. L'envergure de leurs ailes dépasse celle de tous les autres oiseaux, atteignant près de 3 m de l'extrémité d'une aile à l'autre.

Des voiliers à longue distance
Les albatros passent plus de 90 % de leur vie à planer au-dessus des océans, parcourant parfois plusieurs milliers de kilomètres dans la journée. Au cours de leur vie, ils peuvent couvrir 16 millions de km et ne se posent que pour nidifier, en général sur une île isolée. La vie des albatros dépend donc de la force de leurs puissantes ailes.

◀ On se rend compte de la taille imposante de ce jeune albatros hurleur en voyant le documentariste animalier à ses côtés. Ses plumes duveteuses lui tiennent chaud pendant les dix mois qu'il passe dans le nid souvent recouvert de neige par les blizzards d'hiver. Pleinement développé, l'oisillon – le plus gros chez les oiseaux marins – pèse près de 12 kg, soit plus que ses parents.

▶ Les ailes de l'albatros comportent de longs os auxquels sont fixées des plumes supplémentaires. L'albatros hurleur a 88 plumes de vol – plus que tout autre oiseau. Ses longues ailes lui permettent de dépasser les 90 km/h. Les parents hurleurs peuvent parcourir jusqu'à 150 km pour nourrir leur petit.

◀ Dans *L'Albatros*, de Charles Baudelaire, le poète donne une célèbre description de ces vastes oiseaux des mers qui suivent les marins dans leur voyage : « [...] rois de l'azur, maladroits et honteux, laissent piteusement leurs grandes ailes blanches, comme des avirons traîner à côté d'eux. »

Les meilleurs planeurs

L'albatros est fait pour planer : ses ailes sont extrêmement longues, son corps aérodynamique est fuselé comme une torpille, et sa courte queue carrée lui sert de gouvernail pour changer de direction. Grâce à son extraordinaire aptitude au vol, il peut profiter des riches gisements alimentaires de l'océan, très distants les uns des autres. Une partie de la nourriture qu'il absorbe se transforme en huile très énergétique qu'il stocke dans son estomac. Grâce à elle, ses oisillons peuvent survivre un bon moment sans manger. Cela laisse aux adultes le temps d'effectuer de longs vols pour se procurer le prochain repas.

Des pêcheurs en haute mer

L'albatros se nourrit essentiellement de calmars, de seiches, de petits poissons et d'animaux comme les crevettes, mais il mange aussi les charognes, par exemple de phoques et de manchots. Comme ses proches parents – pétrel, fulmar et puffin –, l'albatros a des narines externes caractéristiques en forme de tubes, qui lui servent en partie à détecter la nourriture. Il pêche souvent la nuit, quand les proies viennent en surface. Il immerge d'ordinaire sa tête et son puissant bec crochu dans l'eau pour saisir son repas ; certaines espèces, comme l'albatros royal, plongent aussi sous l'eau pour saisir leurs proies.

Menacés dans leur survie

La pêche à la palangre tue beaucoup d'albatros et d'autres oiseaux de mer chaque année : des lignes flottant à la surface, parfois sur 100 km, sont munies de milliers de crochets garnis d'un appât. Les albatros avalent les crochets quand ils essaient de dérober les appâts. Puis quand on ramène les lignes, les oiseaux pris au piège sont entraînés sous l'eau et se noient. On pourrait leur éviter cette mort horrible en utilisant des équipements effarouchant les oiseaux et en lestant les lignes pour que les crochets s'enfoncent rapidement.

▼ Pour profiter au mieux du vent, l'albatros se laisse dériver jusqu'à la surface de la mer, puis il retourne dans le vent qui le repousse vers le ciel. En se laissant porter ainsi de haut en bas, il peut rester très longtemps sans battre une seule fois des ailes.

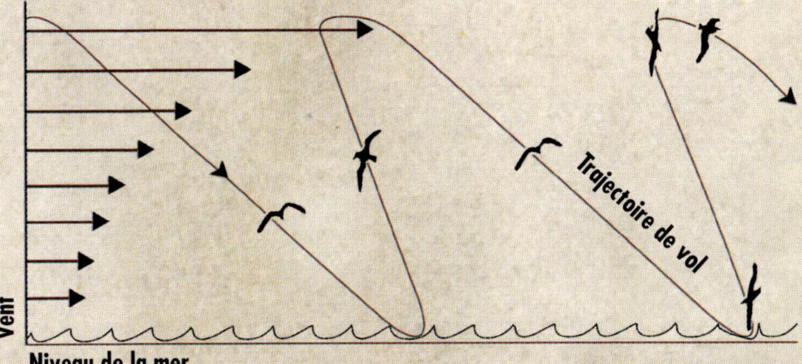

▶ Symbole des États-Unis, le majestueux pygargue à tête blanche peut atteindre 2,50 m d'envergure. Il se nourrit de proies variées – poissons, oiseaux, petits mammifères. Il peut tuer un grand saumon pesant autant que lui. Des squames rêches sur ses pattes l'aident à agripper fermement le poisson glissant et ses grandes ailes lui donnent la force de soulever la lourde proie. Le pygargue se nourrit aussi de charognes et vole même parfois les proies d'autres oiseaux comme le balbuzard.

▼ L'étonnant serpentaire peut mesurer 1,50 m de haut, avec une envergure supérieure à 2 m. Cet oiseau à l'allure insolite vole bien mais il passe la majeure partie de son temps au sol. D'ailleurs, ses pattes sont bien plus adaptées à la marche qu'à la chasse : à la place des longues serres des autres oiseaux de proie, il a de gros doigts courts. Il se nourrit d'insectes, de petits rongeurs et de serpents, et tue les plus grosses proies en les piétinant.

Les oiseaux de proie

Sur près de 400 espèces d'oiseaux de proie, les aigles et les vautours sont les plus grands et les plus spectaculaires. Le plus grand est le condor des Andes, un vautour pesant 15 kg environ, avec une envergure de 3 m. Les vautours sont des charognards, c'est-à-dire qu'ils se nourrissent d'animaux morts et non de proies vivantes. Leurs immenses ailes les aident à planer haut dans le ciel sans bouger, en couvrant d'immenses distances à la recherche de leur macabre repas. Les aigles, eux, sont des chasseurs féroces et puissants. L'envergure des plus grands, comme l'aigle harpie et le pygargue à tête blanche, peut atteindre 2,50 m. Leur grande taille et leur force leur permettent de saisir leurs proies.

Des femelles poids lourds
Les femelles des oiseaux de proie sont souvent plus grandes que les mâles, et parfois deux fois plus lourdes. La plus grande différence de taille se rencontre chez les espèces qui chassent et s'attaquent à des animaux plus gros qu'elles. Cette différence de taille s'explique peut-être par le fait que la femelle a besoin de plus d'énergie pour pondre ses œufs et protéger ses petits.

◄ Le légendaire oiseau roc (ou rukh) était, disait-on, assez fort pour saisir des éléphants dans ses serres afin de nourrir ses petits. Le roc peut avoir été inspiré par un gros aigle de Madagascar ou par l'oiseau-éléphant, qui vivait dans la même île, au large de l'Afrique australe *(lire pages 24-25)*. Ces deux géants ont aujourd'hui disparu.

Un festin de groupe
Grâce à ses immenses ailes, le vautour peut planer dans le ciel en se laissant porter par les courants d'air chaud ascendants ou les vents forts. Avec sa vue perçante, il détecte une proie à des kilomètres. Mais souvent, il trouve à manger en observant ses congénères. Quand un vautour repère une carcasse, il descend en cercle. Ce signal invite les autres vautours à se joindre au festin. Certains mangent tellement qu'après ils sont trop lourds pour voler pendant un moment.

Des serres redoutables
L'aigle se donne plus de mal que le vautour pour se procurer à manger. Il a, lui aussi, une vue perçante, mais sa proie est vivante, et il a besoin de ses ailes puissantes pour la poursuivre, la saisir et l'emporter. Il la tue en enfonçant ses serres acérées dans la chair de sa proie. Ensuite il l'emporte et la mange en lieu sûr.

Pesant 4,5 kg, l'aigle harpie femelle est actuellement l'aigle le plus fort et le plus lourd du monde. Elle peut tuer une proie pesant autant qu'elle.

Des géants disparus
Le plus grand aigle connu, l'aigle de Haast, vivait encore en Nouvelle-Zélande il y a 500 ans. La femelle pesait 13 kg et avait des serres aussi grandes que des griffes de tigre. Ce géant mangeait des moas *(lire page 25)* souvent vingt fois plus lourds que lui. L'aigle de Haast attaquait, tuait et mangeait ses proies sur place, alors qu'aujourd'hui, les aigles attaquent des proies assez légères pour pouvoir les transporter et les manger en lieu sûr.

Les créatures nocturnes

La nuit, quantité de chouettes, de chauves-souris et d'insectes s'activent dans l'obscurité. Cet univers nocturne compte ses géants : des chouettes aussi grosses qu'un petit enfant et des roussettes aux ailes aussi larges que nos deux bras écartés. Grâce à leurs grandes ailes puissantes, ces créatures volantes nocturnes trouvent à se nourrir en abondance, ce qui leur permet d'atteindre une taille impressionnante.

Des chouettes de grandes tailles

Les plus gros rapaces nocturnes sont le grand duc d'Europe (un hibou), la chouette lapone et le harfang des neiges. Ces magnifiques créatures mesurent de 60 à 70 cm de haut et ont plus de 1,50 m d'envergure. Les femelles sont souvent plus grandes que les mâles, sans doute pour pouvoir pondre leurs œufs et protéger leurs petits.

Tous ces rapaces vivent dans les vastes forêts du nord de l'Amérique et de l'Eurasie, et dans les toundras froides et désolées, où leur grande taille les aide sans doute à conserver leur chaleur. Elles y trouvent des quantités de mammifères et d'oiseaux. En dépit de leur taille, ces rapaces mangent surtout des petits mammifères comme le campagnol et le lemming, et leur nombre fluctue au même rythme que celui de ces derniers.

Des rapaces nocturnes

Pour chasser dans l'obscurité, les rapaces nocturnes possèdent une ouïe et une vue exceptionnelles. Leurs gros yeux peuvent représenter jusqu'à 5 % de leur poids total. Ceux des plus grandes chouettes sont aussi grands que les nôtres, mais ils voient deux à trois fois mieux que nous dans le noir. Ces yeux ne sont pas globulaires, comme les nôtres, ce sont de gros tubes pénétrant bien en arrière dans la tête et maintenus en place par des structures osseuses. Les rapaces nocturnes ne peuvent donc pas bouger les yeux. En contrepartie, leur long cou flexible leur permet de tourner la tête presque à 360 degrés pour voir sur les côtés et derrière eux.

▲ Les rapaces nocturnes, comme le grand duc de Virginie, ont de grands yeux et d'immenses pupilles laissant pénétrer le plus de lumière possible. Leur œil recueille cent fois plus de lumière que celui d'un pigeon ; ils peuvent donc voir bien plus loin et plus nettement, surtout dans l'obscurité. Ils ont aussi une paupière supplémentaire pour protéger l'œil.

▼ Le grand duc d'Europe est un redoutable prédateur qui peut tuer des mammifères aussi gros qu'un faon. Comme chez tous les rapaces nocturnes, les bords duveteux de ses plumes de vol assourdissent le son de ses ailes. Volant sans bruit, il peut repérer sa proie et s'en approcher sans être entendu. Pour la saisir et la tuer, il dispose de pattes extrêmement robustes munies de serres acérées. Il porte les petites proies dans son bec mais transporte les plus grosses dans ses serres.

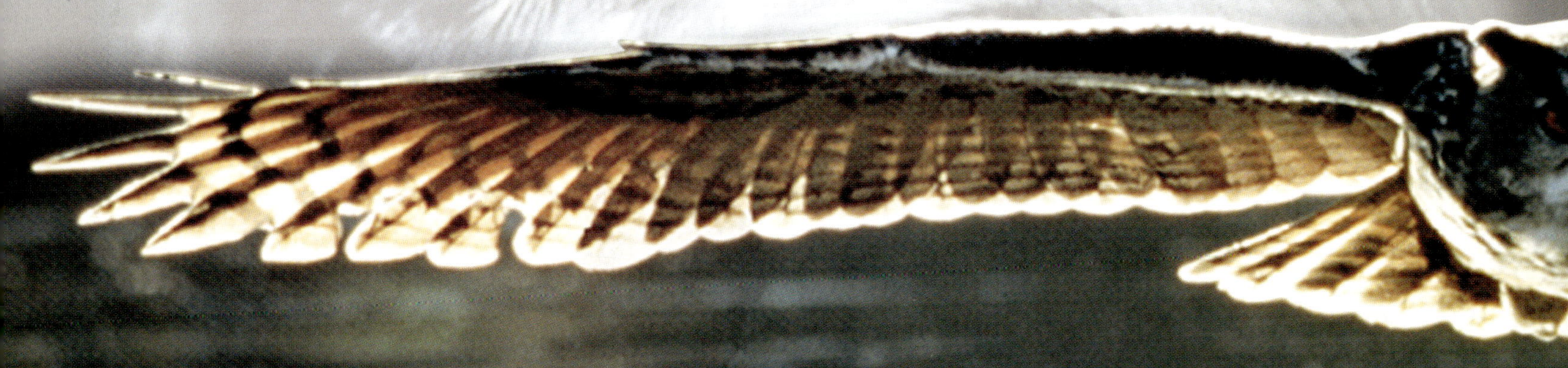

Mégachiroptères et microchiroptères

Savez-vous que près d'un quart des mammifères sont des chauves-souris ? Il en existe deux grands groupes : près de 700 espèces de microchiroptères insectivores ; et 170 espèces environ de mégachiroptères frugivores, plus grands et plus lents. Grâce à leurs courtes ailes qu'ils battent de 11 à 18 fois par seconde, les premiers tournoient avec agilité dans l'air pour saisir les insectes nocturnes. Des ailes plus grandes les ralentiraient et les gêneraient.

Les seconds n'ont pas besoin de chasser. Mais pour trouver des arbres chargés de fruits, ils parcourent de grandes distances dans les forêts tropicales ; ils ont donc, en général, des ailes beaucoup plus grandes. Bien que ces ailes les ralentissent, ces puissantes créatures volantes peuvent parcourir jusqu'à 15 km dans la nuit à la recherche de fruits.

▲ Cette roussette frugivore, le renard volant, est la plus grosse chauve-souris du monde : elle a une envergure de 1,50 m et pèse 1,3 kg. Ce mégachiroptère est nommé ainsi car sa tête couverte de fourrure évoque celle d'un renard. Durant la journée, il niche dans les arbres en colonies nombreuses comptant parfois plusieurs milliers d'individus. La nuit, il parcourt de grandes distances en quête de mangues, de bananes, de papayes et de figues.

Les papillons géants

Est-ce un oiseau ? Un avion ? Non – c'est un papillon géant ! L'hercule *(Coscinocera hercules)* est aussi grand dans la réalité que celui qui est reproduit ici. Les ailes du papillon de la reine Alexandra *(Ornithoptera alexandrae),* le plus grand papillon de jour du monde, ont la taille de celles d'un oiseau. En dépit de leur gigantisme, ces papillons géants sont très légers et volent sans problème.

▼ L'envergure de l'hercule femelle peut atteindre 28 cm ; c'est l'un des plus grands papillons de nuit du monde. Seul l'atlas *(Attacus atlas)* femelle, assez semblable, est un peu plus grand. Les papillons géants ont un assez petit corps – leur gigantisme vient de leur envergure impressionnante. Ils vivent dans des habitats tropicaux comme les forêts pluviales, où il y a suffisamment de soleil pour réchauffer leurs muscles de vol, afin qu'ils puissent battre leurs ailes gigantesques. L'hercule femelle vit quelques jours à peine, en consommant l'énergie emmagasinée par la chenille pour assurer sa subsistance.

Des dames imposantes
Les plus grands papillons du monde sont tous des femelles. Peut-être afin qu'elles aient plus d'énergie pour pondre et défendre leurs œufs. Les prédateurs les repèrent très facilement en raison de leur grande taille, c'est pourquoi les femelles sont peu colorées ; leur camouflage les rend bien moins visibles que les mâles et leur donne une meilleure chance de pondre leurs œufs en toute sécurité. Les ailes brunes de la femelle du papillon de la reine Alexandra contrastent nettement avec les rutilantes ailes bleu et vert du mâle *(lire page 60).* Les couleurs du mâle peuvent signaler aux prédateurs qu'il est vénéneux pour qu'ils le laissent en paix, ou le rendre plus attractif aux yeux des femelles. La taille gigantesque et les magnifiques ailes du papillon de la reine Alexandra ont attiré autrefois les collectionneurs de papillons. En fait, on l'a tellement chassé que ce superbe géant est désormais très rare dans la nature.

Des petits et des grands
Les papillons ont des dimensions extrêmement variées. La taille de la femelle du papillon de la reine Alexandra représente au moins vingt-cinq fois celle du papillon nain bleu d'Afrique du Sud, le plus petit papillon de jour du monde. Le papillon nain a une envergure de 1 ou 2 cm, alors que celle de la femelle géante est de 28 cm. Et le plus petit papillon de nuit, *Stigmella ridiculosa,* avec une envergure de 2 mm à peine, a l'air d'un point à côté du plus grand, *Thysania agrippina,* qui mesure 30 cm de la pointe d'une aile à l'autre.

▼ En voyant ce petit *Milionia doheityi* à côté de l'hercule, on réalise vraiment l'immensité du géant. Les deux espèces vivent dans le même habitat – les forêts pluviales de Papouasie-Nouvelle-Guinée, un groupe d'îles de l'océan Pacifique.

taille réelle

Vivre en harmonie

Les grandes et les petites espèces ne vivent pas aux mêmes endroits. Elles peuvent donc se répartir sans problème les ressources de chaque habitat. Grâce à ses ailes puissantes, le papillon de la reine Alexandra volette tout en haut des arbres de la forêt pluviale, alors que les chenilles de certains petits papillons de nuit vivent dans des feuilles, des fleurs, des graines ou des fruits.

De grandes chenilles

Les papillons ne grandissent pas et l'hercule femelle ne se nourrit même pas. Ils se développent au stade de la chenille ; un adulte géant naît donc d'une énorme chenille. Celle-ci passe sa vie à manger, mais son enveloppe ne grandit pas au rythme de son corps. De temps en temps, elle en fabrique donc une nouvelle, plus large, et se débarrasse de l'ancienne. Quand cette dernière se déchire, la chenille se dégage en absorbant de l'air pour que son corps s'étoffe. Ayant atteint sa taille adulte, la chenille se métamorphose en chrysalide. Dans cette enveloppe protectrice, elle se désagrège et renaît sous la forme d'un papillon adulte. Les ailes sont repliées dans la chrysalide et ne se déploient pas avant que le papillon fasse son entrée dans le monde. Il doit injecter du sang dans ses ailes pour qu'elles prennent de la consistance et s'aplatissent. Un grand papillon met parfois plus de deux heures à les déployer.

▲ Grâce à la chaleur et aux abondantes réserves de nourriture de la forêt pluviale, la chenille de l'hercule atteint la taille impressionnante de 17 cm. Son corps charnu offrirait un repas savoureux aux prédateurs, mais des rangées d'épines acérées disposées sur son dos le protègent.

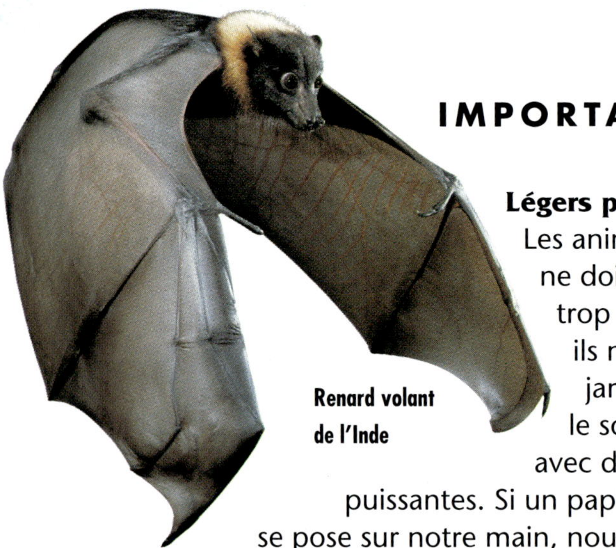
Renard volant de l'Inde

IMPORTANT À RETENIR ! LES TITANS DU CIEL

Légers pour voler
Les animaux volants ne doivent pas être trop lourds, sinon ils ne pourraient jamais quitter le sol, même avec des ailes très puissantes. Si un papillon géant se pose sur notre main, nous constatons sa légèreté. Même les plus gros oiseaux, comme les chouettes géantes, ne sont pas lourds grâce à leurs os creux à parois fines. Des poches d'air à l'intérieur du corps rendent certains encore plus légers.

Économiser l'énergie
Voler est fatigant et consomme beaucoup d'énergie. Les grandes ailes, comme celles de l'albatros, du vautour ou de la roussette géante, permettent de planer sans effort sur de longues distances pour se nourrir ou échapper au mauvais temps.

Des ailes chaudes
Pour voler, les muscles des ailes doivent être chauds. Les oiseaux et les chauves-souris étant des animaux à sang chaud, leur corps est toujours chaud. Ils peuvent voler à tout moment. Les ptérosaures avaient peut-être aussi des corps chauds qui leur ont permis de voler. En revanche, les insectes comme les papillons sont des animaux à sang froid qui se réchauffent et se refroidissent avec leur environnement. Ils ne peuvent voler que lorsque les muscles de leurs ailes sont assez chauds. C'est pourquoi les grands insectes volants vivent dans les milieux tropicaux.

Des mères imposantes
Souvent, les animaux volants femelles sont encore plus gigantesques que les mâles. Le plus grand papillon du monde est une femelle et, chez certains oiseaux de proie, la femelle pèse deux fois plus que le mâle. Cela aide peut-être les femelles à pondre leurs œufs et à défendre et nourrir leurs petits.

DÉCOUVERTE +

... sur les chouettes et hiboux :
www.chouettalors.com

... sur les papillons : http://butterflies.freeservers.com/general_fr.html

... sur les chauves-souris :
www.fribat.org/f/home/generalites.htm

La Falaise aux rapaces, d'Alain Bougelot (La Vague verte, 2003)

Les Animaux de la nuit,
CEMEA (Actes Sud Junior, Documents nature, 2001)

Papillons et Chenilles,
de Léon Rogez et Anne Eydoux (Milan Jeunesse, Carnets de nature, 2003)

L'entomologiste est le spécialiste qui étudie les insectes.

Le fauconnier élève et entraîne des oiseaux de proie, surtout des faucons, et les présente au public.

Le chercheur dans un musée classifie les espèces (taxonomiste) et prépare des expositions présentées au public (conservateur).

L'ornithologue est le spécialiste de la biologie des oiseaux.

Le photographe animalier photographie la faune pour des livres, des magazines, des musées, des émissions de télévision, des vidéos ou des sites Web.

Le parc Paradisio
(oiseaux de proie)
Domaine de Cambron
7940 Brugelette – Belgique
Tél. : 32 (0) 68 250 850
www.paradisio.be

Muséum d'Histoire naturelle
Jardin des plantes
57, rue Cuvier
75005 Paris
Tél. : 01 40 79 30 00
www.mnhn.fr

Naturospace
Boulevard Charles-V
14600 Honfleur, France
Tél. : 02 31 81 77 00
www.naturospace.com

CHAPITRE 3

Les géants de l'eau

Les animaux géants qui vivent dans les océans, les cours d'eau et les lacs ont un énorme avantage sur ceux qui volent dans le ciel ou foulent le sol de la planète : l'eau supporte le poids de leur corps. Le fort taux d'oxygène contenu au fond des lacs et dans les océans froids permet aux animaux de tirer plus d'énergie de leurs aliments et de devenir plus gros. Abritant une incroyable variété d'êtres vivants, l'eau leur fournit une abondance de nourriture, et ils peuvent ainsi atteindre des tailles colossales. Le plus gros animal que le monde ait jamais connu, le rorqual bleu, habite les océans, avec d'autres titans de la mer – calmars monstrueux, méduses géantes, requins prodigieux. Il se peut que des animaux encore plus gigantesques se cachent dans les profondeurs obscures des océans.

Requin-baleine

Les géants d'autrefois

Une foule de reptiles prédateurs géants vivaient jadis dans les océans. Les plus anciens ont été les grands ichtyosaures, comme le temnodontosaure ; puis vinrent les énormes pliosaures, comme le liopleurodon et le kronosaure ; et, pour finir, les massifs mosasaures, comme le mosasaure et le tylosaure. Certains de ces géants mesuraient plus de 10 m et quelques-uns ont pu atteindre 20 m – la taille d'un cachalot. L'eau soutenait le corps de ces lourds animaux et leur offrait une abondance de nourriture qui leur permettait d'atteindre une taille hors du commun.

▼ L'élasmosaure a été l'animal possédant le plus long cou par rapport à la dimension de son corps ; il battait même la girafe. Comportant au moins 71 os pour le soutenir, son cou pouvait mesurer 6 m. Cela lui permettait d'attaquer par surprise un banc de poissons situé à plusieurs mètres de lui, sans même changer de place.

Des prédateurs d'un genre différent

Les anciens reptiles marins étaient bien plus dangereux que la plupart des géants aquatiques actuels. Les pliosaures étaient énormes, et les mâchoires des plus grands auraient pu tailler une voiture en deux ! Leurs têtes pouvant atteindre 4 m de long étaient munies de redoutables dents acérées, aussi grandes que des bananes, qu'ils enfonçaient dans la chair de leurs proies.

Il y a 70 millions d'années environ, les mosasaures ont remplacé les pliosaures et sont devenus les créatures les plus dangereuses des océans. Les mosasaures étaient sans doute de lointains parents des varans d'aujourd'hui, comme le dragon de Komodo *(lire page 17)*, et peut-être aussi des serpents. Certains mesuraient près de 15 m de long ; un géant, *Hainosaurus bernardi,* atteignait même 17 m. Leurs mâchoires pouvaient se courber latéralement pour entourer et écraser leur proie. Ensuite, ils l'avalaient tout entière, comme le font les serpents actuels.

Voir dans l'obscurité

Les ichtyosaures (cela signifie « poisson-lézard ») ressemblaient aux dauphins actuels et se nourrissaient également de poissons. À la différence des dauphins, ils avaient aussi bien des nageoires arrière que des nageoires avant, et leur queue était verticale et non horizontale. Leurs globes oculaires avaient sans doute plus de 30 cm de diamètre (la taille d'une boule de bowling), surpassant donc ceux des calmars géants actuels qui détiennent le record. Ces gros yeux, laissant entrer et détectant plus de lumière, ont dû aider les anciens ichtyosaures à chasser à des centaines de mètres de profondeur, où il fait extrêmement sombre.

Naissance en mer

Les plus grands reptiles marins ne pouvaient pas venir pondre à terre. Ils auraient souffert, comme les baleines échouées, incapables de se mouvoir et condamnées à mourir d'insolation ou de suffocation. Des traces fossiles montrent que des mosasaures ou des ichtyosaures donnaient naissance à leurs petits dans l'eau. Il est probable que d'autres grands reptiles marins se reproduisaient de la même façon.

Le rorqual bleu

Le plus célèbre de tous les géants, le rorqual bleu, sillonne les océans du globe. Pouvant dépasser 30 m de long et peser 150 tonnes, voire davantage, c'est le plus gros animal du monde – le plus grand jamais enregistré mesurait 33,58 m. Aujourd'hui, les rorquals bleus sont moins grands qu'autrefois, car on a tué les plus gros pour leur viande et leur graisse. Bien que son espèce soit protégée, cet énorme cétacé est menacé par la pollution, la chasse et le risque de se retrouver pris au piège dans les chaluts de pêche. Aujourd'hui, il en reste moins de 8 000 dans le monde.

Un nageur très rapide
Grâce à son corps lisse, à sa forme effilée, aérodynamique et à sa nageoire caudale de 5,50 m de large, le rorqual bleu peut atteindre 50 km/h. D'ordinaire, il croise à une allure comprise entre 5 et 20 km/h, sans consommer trop d'énergie. Le rorqual bleu est trop rapide et trop gros pour craindre les prédateurs de l'océan, à l'exception des orques et des hommes.

Des bouchées colossales
Le rorqual bleu se nourrit essentiellement de krill, des sortes de minuscules crevettes de moins de 5 cm composant le plancton, qui dérivent en masse à la surface de l'océan. Le cétacé fonce sur un amas de krill, les mâchoires grandes ouvertes, et engloutit une pleine bouchée de nourriture et d'eau. À l'intérieur de sa bouche caverneuse, des centaines de fanons, des lames rigides faites de la même matière que nos ongles, sont accrochés à la mâchoire supérieure. Les bords des fanons sont garnis de poils qui font office de tamis en retenant une grande quantité de krill quand le rorqual bleu rejette l'eau. Ensuite le cétacé avale le krill dans sa gorge étonnamment étroite.

▼ Si le rorqual bleu a pu devenir aussi gigantesque, c'est surtout parce que l'eau de mer le soutient. Sur terre, le rorqual bleu mourrait : comme il pèse près de 22 tonnes, les os de son squelette ne pourraient pas supporter le poids de son corps à l'air libre, et l'ensemble s'affaisserait donc, en écrasant ses délicats organes internes. Ses mâchoires, qui peuvent mesurer 7,30 m, sont les plus longues du règne animal.

◀ La bouche d'un rorqual bleu s'élargit quand il mange, grâce aux soufflets de peau flasques semblables à des plis qui vont presque du menton au ventre. Quand ces soufflets s'ouvrent, ils augmentent la taille de la bouche, un peu comme un accordéon qui s'étire.

▲ Nous connaissons très peu la vie sociale des rorquals bleus. On les voit souvent seuls ou en petits groupes de deux à quatre individus, peut-être parce que chacun a besoin d'une vaste aire de nutrition. Ils émettent des sons très forts (c'est l'animal le plus bruyant de la planète : ses sifflements sont aussi sonores qu'un avion à réaction), qui leur permettent sans doute de rester en contact à distance. Les échos de ces sons puissants les aident peut-être aussi à trouver à manger et à se diriger dans l'océan.

Les plus gros bébés du monde animal

À la naissance, le baleineau pèse au moins 2,5 tonnes – sept cents fois plus qu'un bébé humain. Il grandit vite, sa mère lui fournissant chaque jour jusqu'à 300 litres de lait très gras. La mère perd à peu près un tiers de son poids au cours des huit mois durant lesquels elle nourrit son petit. On suppose que c'est pour cela que la femelle est plus grosse que le mâle, pour avoir suffisamment de réserves de graisse pour survivre en nourrissant son bébé. Le jeune rorqual bleu cesse de boire le lait de sa mère à 8 mois, mais il ne devient adulte et ne peut se reproduire qu'à l'âge de 10 ans. Personne ne sait combien de temps il peut vivre, toutefois les chercheurs pensent qu'il peut atteindre 60 à 70 ans, ou même plus. Il reste encore bien des choses à découvrir sur cette splendide créature paisible.

Des mammifères marins colossaux

Même si la taille du rorqual bleu est inégalée, ce n'est pas le seul géant de sa catégorie. La jubarte et le cachalot sont de très gros mammifères marins, l'éléphant de mer et le morse *(lire page 61)*, les plus gros pinnipèdes ; et le lamantin et le dugong, les plus grands siréniens, ou vaches marines.

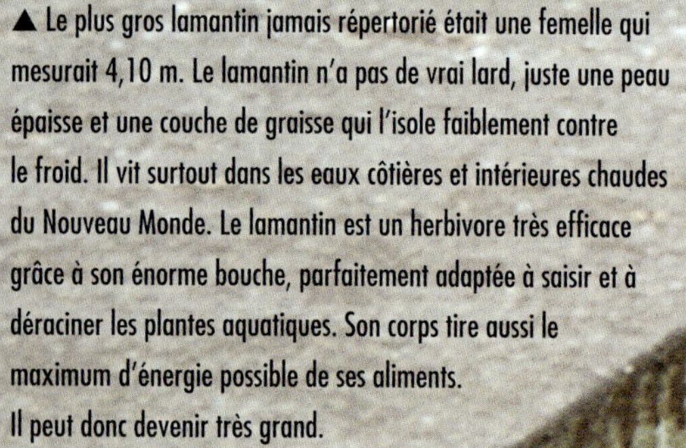

▲ Le plus gros lamantin jamais répertorié était une femelle qui mesurait 4,10 m. Le lamantin n'a pas de vrai lard, juste une peau épaisse et une couche de graisse qui l'isole faiblement contre le froid. Il vit surtout dans les eaux côtières et intérieures chaudes du Nouveau Monde. Le lamantin est un herbivore très efficace grâce à son énorme bouche, parfaitement adaptée à saisir et à déraciner les plantes aquatiques. Son corps tire aussi le maximum d'énergie possible de ses aliments. Il peut donc devenir très grand.

Une alimentation riche en graisse

Si certaines baleines et certains phoques sont si gros, c'est parce que leur corps est entouré d'une épaisse couche isolante de lard gras qui peut dépasser 25 cm d'épaisseur. Le lard conserve la chaleur de leur corps quand ils nagent dans les eaux polaires glaciales tout en constituant une réserve de nourriture. Pendant près d'un mois, tandis qu'elles donnent à leurs petits leur riche lait maternel, les éléphants de mer femelles ne mangent pas. Les mâles non plus, car durant cette période, ils passent le plus clair de leur temps à éloigner les rivaux de leur harem de femelles. Ils peuvent perdre la moitié de leur poids en l'espace de trois mois. De même, les baleines migratrices, comme la baleine grise, le rorqual bleu et la jubarte, mangent peu durant la période de reproduction hivernale qu'elles passent dans les eaux tropicales plus chaudes. Elles consomment l'énergie emmagasinée en été, dans les eaux polaires froides.

Des récolteurs et des chasseurs

Les baleines à dents, comme le cachalot, sont plus petites que les baleines à fanons, comme la jubarte, qui filtrent le plancton flottant dans l'eau à l'aide de leurs fanons. Les baleines à fanons se donnent moins de mal pour se nourrir. Elles se contentent de récolter le plancton en nageant, avalant des millions de minuscules animaux en une seule fois. Les baleines à dents, elles, doivent pourchasser leurs proies, et une taille supérieure pourrait les ralentir. Pour se nourrir, elles chassent et avalent les poissons un par un. La plupart des baleines à dents, ainsi que les dauphins et les baleines blanches (appelées aussi bélougas), font entre 3 et 6 m. Mais la plus grande, le cachalot, peut mesurer 20 m.

◀ Les éléphants de mer mâles sont au moins trois fois plus lourds que les femelles. Quand ils sont menacés par un rival ou, comme ici, dérangés par un chercheur en train d'enregistrer leurs rugissements, ils redressent l'avant de leur corps et mugissent avec force, en gonflant leur nez pour faire encore plus de bruit.

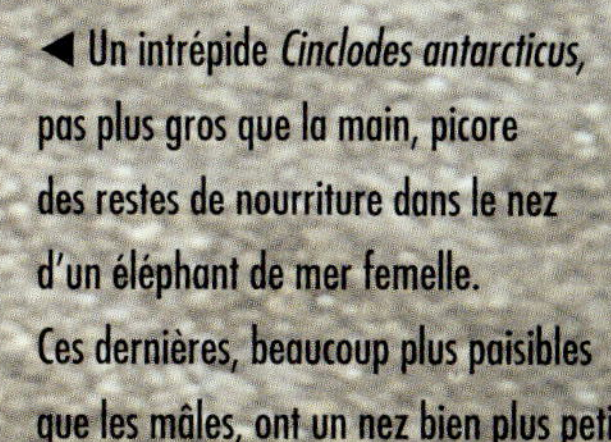

◀ Un intrépide *Cinclodes antarcticus*, pas plus gros que la main, picore des restes de nourriture dans le nez d'un éléphant de mer femelle. Ces dernières, beaucoup plus paisibles que les mâles, ont un nez bien plus petit.

Des crocodiles menaçants

Survivants de l'âge des dinosaures, les crocodiles sont merveilleusement adaptés à leur habitat. Tapis paresseusement dans l'eau, ils attendent de saisir une proie dans leurs énormes mâchoires. Les plus importantes mandibules appartiennent au plus grand reptile du monde, le crocodile marin. Il pèse autant que trois voitures et peut devenir trois fois plus long qu'un lit ! Le plus grand prédateur d'eau douce, le crocodile du Nil, est presque aussi grand, et tout aussi menaçant.

Des bébés petits, des adultes impressionnants

Quand un bébé crocodile sort de son œuf, il est si petit qu'il tiendrait aisément dans la main. La mère crocodile porte ses petits dans sa gueule pour les mettre à l'abri et les mener du nid à l'eau. Elle peut en transporter 20 à la fois de cette manière. Ils grandissent très rapidement ; et s'ils mangent assez, ils peuvent grandir de 30 cm par an jusqu'à 15 ans environ. Ensuite, ils continuent à croître à un rythme plus lent toute leur vie. En captivité, les crocodiles grandissent plus vite que dans la nature parce qu'ils sont maintenus dans une eau chaude et qu'ils mangent abondamment.

Un mode de vie paresseux

Les crocodiles marins et les crocodiles du Nil sont assez grands pour saisir un zèbre, une vache, un buffle ou un cheval, mais ils mangent surtout du poisson. Ils peuvent s'attaquer à l'homme, mais seulement s'ils sont dérangés en période d'accouplement et de ponte. En général, ils sont craintifs et nous évitent le plus possible. Pour se nourrir, ils se tapissent en attendant qu'une proie vienne à eux, ménageant ainsi leur énergie. Ils peuvent emmagasiner l'énergie fournie par leur nourriture dans leur queue et d'autres parties de leur corps, et un grand crocodile peut rester jusqu'à deux ans sans manger. Se réchauffant et se refroidissant avec leur environnement, ils n'ont pas besoin d'utiliser de l'énergie pour rester chauds, comme les mammifères ou les oiseaux.

◀ Ce crocodile marin se prélasse au soleil dans l'eau peu profonde, révélant l'intérieur de sa gueule béante. Le crocodile a deux ou trois fois plus de dents que nous, mais elles ne lui permettent pas de mâcher ses aliments, de sorte qu'il avale sa proie tout entière ou la déchire en gros morceaux.

La survie

Il y a 200 millions d'années, les crocodiles étaient assez semblables aux espèces actuelles. En dehors des oiseaux, ce sont les plus proches parents des dinosaures. Ils ont survécu et sont devenus très grands parce qu'ils sont parfaitement adaptés à leur mode de vie. S'ils résistent bien aux maladies, toutes les espèces de crocodiles sont pourtant menacées par la disparition de leur habitat et la chasse illégale. D'ailleurs, peu de crocodiles vivent suffisamment longtemps pour atteindre leur taille maximale.

▼ Un crocodile du Nil attaque par surprise un gnou en train de boire dans la plaine du Serengeti, en Tanzanie. Les crocodiles se jettent sur leurs proies à une vitesse surprenante, en les prenant par surprise. Ils doivent les maîtriser rapidement, car ils ne peuvent pas les poursuivre à terre.

D'étonnants amphibiens

Grenouilles, crapauds, tritons et salamandres sont des amphibiens, mot qui signifie « être à la double vie ». Souvent, ils passent leur jeunesse dans l'eau et vivent à terre, une fois adultes. Ils respirent aussi bien à travers leur peau qu'avec leurs poumons. Certains, en général les jeunes, ont des branchies pour respirer sous l'eau. La plupart des amphibiens sont petits, mais il y a parmi eux des géants impressionnants !

▲ La grenouille taureau d'Afrique peut mesurer 20 cm du museau à l'autre extrémité de son corps. Sa très grande bouche lui permet de saisir de grosses proies, comme d'autres grenouilles.

Les salamandres géantes

Les plus grands amphibiens sont la salamandre géante de Chine *(Etrias davidianus)* et la salamandre géante du Japon *(Megalobatrachus japonicus)*. La plus grande, la première, a déjà atteint la taille d'un petit crocodile ! L'adulte moyen mesure 1,15 m et pèse entre 25 et 30 kg – plus qu'un enfant. Les salamandres ont sans doute pu croître à ce point parce que leurs processus corporels sont très lents, économisant l'énergie et leur assurant une croissance continue. En outre, elles vivent longtemps : une salamandre géante du Japon a survécu 55 ans en captivité. Malheureusement, chassées pour être mangées et pour fabriquer des médicaments traditionnels, les salamandres sont devenues rares.

▼ La salamandre géante de Chine a l'air d'un monstre de film de science-fiction. Elle a une grosse tête plate sans paupières. La ride de peau plissée accroît la surface absorbant l'oxygène contenu dans l'eau de son habitat, les torrents de montagne.

► Le corps du crapaud-buffle géant peut atteindre 30 cm – dix fois plus que le plus petit crapaud, celui des chênes. L'adulte a de grosses glandes à venin aux épaules et des petites sur tout le corps. Ce venin, mortel pour des mammifères comme le chien, est nocif pour les humains, surtout pour les jeunes enfants.

◄ La grenouille goliath est la plus grosse grenouille du monde. Autrefois répandue dans les cours d'eau de l'Afrique tropicale, elle est menacée d'extinction à cause de la disparition de son habitat et d'une chasse excessive.

Une grenouille monstrueuse

Les grenouilles et les crapauds constituent 90 % des amphibiens. Alors que les salamandres ont de longues queues, ces derniers n'en ont pas. La différence entre les grenouilles et les crapauds est assez floue. En général, les premières ont une peau lisse, de longues pattes arrière, des pieds palmés et vivent près de l'eau. Elles se déplacent par bonds et certaines grimpent aux arbres. Les seconds ont une peau plus verruqueuse et vivent au niveau du sol.

Beaucoup de grenouilles pourraient tenir dans la main, mais la grenouille goliath est une vraie géante, bien plus grande que cette page. La plus grande jamais répertoriée mesurait 87,63 cm et pesait autant qu'un gros chat ! Elle vit dans les régions chaudes de l'Afrique tropicale, où elle trouve une abondance de nourriture qui lui permet de devenir aussi grosse.

Le nouvel habitat des crapauds

Le plus gros crapaud du monde est le crapaud-buffle. En captivité, la femelle peut mesurer 25 cm et peser 2,5 kg. Ce gros crapaud originaire de l'Amérique tropicale a été introduit en Australie pour éliminer les insectes nuisibles qui ravageaient les champs de canne à sucre. Malheureusement, il n'y avait guère de prédateurs pour manger les crapauds en Australie, et cette espèce s'est vite multipliée. Dans certaines régions, le crapaud-buffle est devenu un véritable fléau : il tapisse les routes par milliers. Non content de manger les insectes nuisibles, il décime aussi un grand nombre d'espèces locales. L'introduction d'animaux d'une région à une autre peut avoir de terribles conséquences, en particulier quand ce sont des géants doués d'un énorme appétit.

Des requins géants

Les plus gros requins ne sont pas comme on pourrait le croire les chasseurs les plus dangereux. Le grand requin blanc, qui est vraiment redoutable, ne mesure que le tiers de la taille du plus grand requin du monde, le requin-baleine. Aussi gros qu'un autocar à deux étages, ce dernier est un véritable géant.

Des géants inoffensifs
Le requin-baleine n'est pas seulement le plus gigantesque des requins, c'est aussi le plus gros des poissons. Le plus grand jamais répertorié mesurait 13,50 m. Le requin-pèlerin, le second poisson par la taille, peut atteindre 12 m de long. Assez grands pour avaler un homme en entier, ces géants sont heureusement inoffensifs.

Une question de taille
Les plus gros poissons mangent les plus petites créatures ! Le requin-baleine et le requin-pèlerin se nourrissent surtout de plancton, un ensemble de plantes et d'animaux minuscules qui dérivent en surface. Situé au début de la chaîne alimentaire, le plancton est une nourriture très énergétique.

Le grand requin blanc mange des poissons et des phoques, situés plus haut dans la chaîne alimentaire. À chaque maillon de la chaîne, de l'énergie se perd, car elle alimente les processus de vie de l'animal qui se nourrit. Il en reste donc moins pour le grand requin blanc, qui ne peut pas grandir autant que le requin-baleine.

Des habitudes alimentaires
Les mangeurs de plancton dépensent très peu d'énergie pour se nourrir ; c'est aussi pour cela qu'ils deviennent si gros. Ils ouvrent leur grande bouche pour laisser entrer l'eau et filtrent les aliments dans l'eau qui ressort par leurs branchies. Là, ces aliments sont retenus par un délicat réseau de filtres en forme de peignes. Presque rien ne passe à travers, en dehors de l'eau. Le requin-pèlerin filtre plus de 1,5 million de litres d'eau en une heure. Cela représente plus d'eau qu'il n'y en a dans une piscine olympique !

◀ Le grand requin blanc attaque à une vitesse fulgurante et est capable de manger un phoque d'une seule bouchée. Il s'attaque parfois aux hommes parce qu'il les confond avec des phoques.

◄ Ce plongeur a dû avoir un choc en regardant sous la surface ! Mais les requins-baleines sont inoffensifs. Le seul danger est d'être égratigné par leur peau rugueuse comme du papier de verre, ou d'être frappé au passage par leur énorme queue.

► Ce plancton est ce que mangent les plus gros requins. Il est constitué de minuscules animaux semblables à des crevettes, de vers microscopiques, d'œufs de poissons, de petits crabes et de petites bernacles.

▲ La plus grosse raie, la manta, a en général une envergure de 7 m, le maximum étant 9 m. On la surnomme « diable des mers », car elle a des nageoires en forme de corne sur la tête. Comme le requin-baleine et le rorqual bleu, elle se nourrit de plancton.

Des poissons phénoménaux

Outre les requins, il existe toute une gamme de très gros poissons, depuis l'énorme poisson-lune pouvant peser 2 tonnes jusqu'au régalec atteignant 8 m de longueur. Ces géants trouvent une abondante nourriture dans l'océan, où ils évoluent aisément, malgré leur taille. Comme leur croissance est rapide et qu'ils jouissent d'une grande longévité, ils peuvent facilement atteindre une taille imposante. Malheureusement, cela attire les prédateurs humains, et le nombre de certains grands poissons – comme les thons – a décliné de façon spectaculaire ces dernières années.

La récolte du plancton
Beaucoup de géants de l'océan, comme la raie manta, se nourrissent de plancton, fait d'une abondance de plantes et d'animaux minuscules en suspension vers la surface de la mer. Très énergétique et facile à saisir, le plancton permet aux poissons de devenir très gros. Le plus gros ayant jamais existé, *Lepsichtys,* vivait à l'époque des dinosaures géants, il y a près de 155 millions d'années et pouvait mesurer de 15 à 30 m de long. Mais comme on n'a jamais découvert de squelette entier de ce poisson monstrueux, on ne connaît donc pas vraiment sa taille exacte.

De plus en plus petits
L'esturgeon bélouga de la mer Caspienne est menacé d'extinction en raison de la pollution de l'eau et du prélèvement intensif de ses précieux œufs avec lesquels on fait le caviar en les conservant dans le sel. Autrefois, on a vu des bélougas de plus de 1 000 kg, aujourd'hui, ils ne pèsent pas plus de 20 kg en moyenne.

La fin des géants des mers
Au cours des 50 dernières années, on a pêché tellement de poissons que certaines grandes espèces ont reculé de 50 à 90 %. On note deux causes principales : d'une part, beaucoup de poissons sont pris trop jeunes, avant d'avoir pu se reproduire. D'autre part, les lignes et les filets utilisés pour pêcher un type de poissons prennent aussi au piège beaucoup d'autres créatures marines.

◄ Cette femme semble porter ce thon sans difficulté. Pourtant, un thon pèse en moyenne 45 kg, et les thons géants dépassent les 180 kg, le poids record étant de 600 kg – à peu près quinze fois le poids d'un enfant ! Ces poissons étonnants croissent rapidement et peuvent vivre 30 ans ; cela leur permet de devenir gigantesques. Les seuls prédateurs qui osent s'attaquer à eux sont les requins, les baleines et les humains.

▼ Le poisson-lune est le poisson osseux le plus lourd et le plus gros. Il doit son nom à son corps rond et plat. Le plus gros jamais enregistré mesurait 3,10 m de long et 4,26 m de haut, de la pointe d'une nageoire à l'autre. Le poisson-lune n'a pas besoin de nager vite, car il se nourrit surtout de méduses qui dérivent lentement dans l'eau. La femelle peut pondre jusqu'à 300 millions d'œufs minuscules à la fois. Quand les petits éclosent, ils n'ont même pas la taille d'un petit pois.

Une différence d'eau

L'eau douce est moins dense que l'eau salée et soutient moins bien le corps de ses habitants. C'est peut-être pour cela que les poissons des cours d'eau et des lacs sont plus petits que ceux qui sillonnent les océans. Cette différence peut également être liée au fait que les habitats d'eau douce offrent moins de nourriture et d'espace que la mer. Certains géants, comme les esturgeons et les saumons, vivent et se nourrissent dans l'eau salée, mais remontent les rivières sur des milliers de kilomètres pour pondre leurs œufs en eau douce.

Les géants des fleuves

Le plus gros poisson passant toute sa vie dans l'eau douce est le silure de verre géant, ou *pla buek,* qui vit dans le Mékong, un fleuve de l'Asie du Sud-Est. Ce poisson étonnant peut peser jusqu'à 300 kg et atteindre 3 m de long. Il est menacé par le passage continuel des bateaux, la pêche excessive et la disparition de ses aires de reproduction. En Europe, un autre poisson géant, le silure glane, atteignait autrefois 4,50 m et pesait plus de 300 kg. Aujourd'hui, les plus gros exemplaires ne dépassent pas 2 m et pèsent 90 kg au maximum.

Des calmars énormes

La taille des calmars peut varier considérablement. Les plus petits ne sont pas plus gros que l'ongle du pouce alors que le calmar géant, lui, mesure 16 m de long. Et si les récentes estimations sont exactes, il se peut que le calmar colossal atteigne deux fois cette taille.

Une certaine élégance

Les calmars sont apparentés aux pieuvres et aux seiches. Ils ont un long corps profilé, une grosse tête, des yeux bien développés et une bouche venimeuse en forme de bec, entourée de dix longs bras, les tentacules, dont deux, beaucoup plus longs que les autres, sont munis de ventouses, et parfois de griffes acérées à l'extrémité. Le calmar s'en sert pour saisir ses proies. Le corps de la plupart des espèces est renforcé par une coquille interne cornée en forme de plume.

▲ Les chercheurs rassemblent diverses informations sur le calmar géant à partir des exemplaires rejetés sur les plages. Mais on ignore tout de son comportement car on ne l'a jamais observé dans son environnement naturel. Dans l'espoir de le filmer, les scientifiques envoient dans les abysses des caméras fixées sur des submersibles plongeant à grande profondeur et sur des cachalots.

▶ Les chercheurs estiment que le manteau (corps) d'un calmar colossal adulte devrait mesurer 4 m. S'il se développe dans les mêmes proportions que le calmar géant, ses tentacules pourraient atteindre 25 à 30 m – presque la longueur d'un court de tennis !

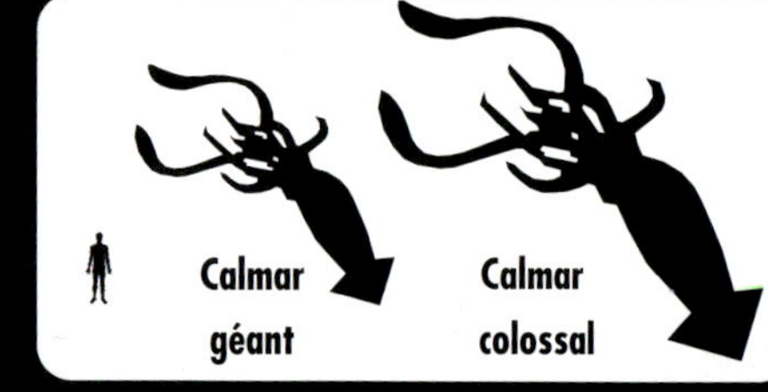

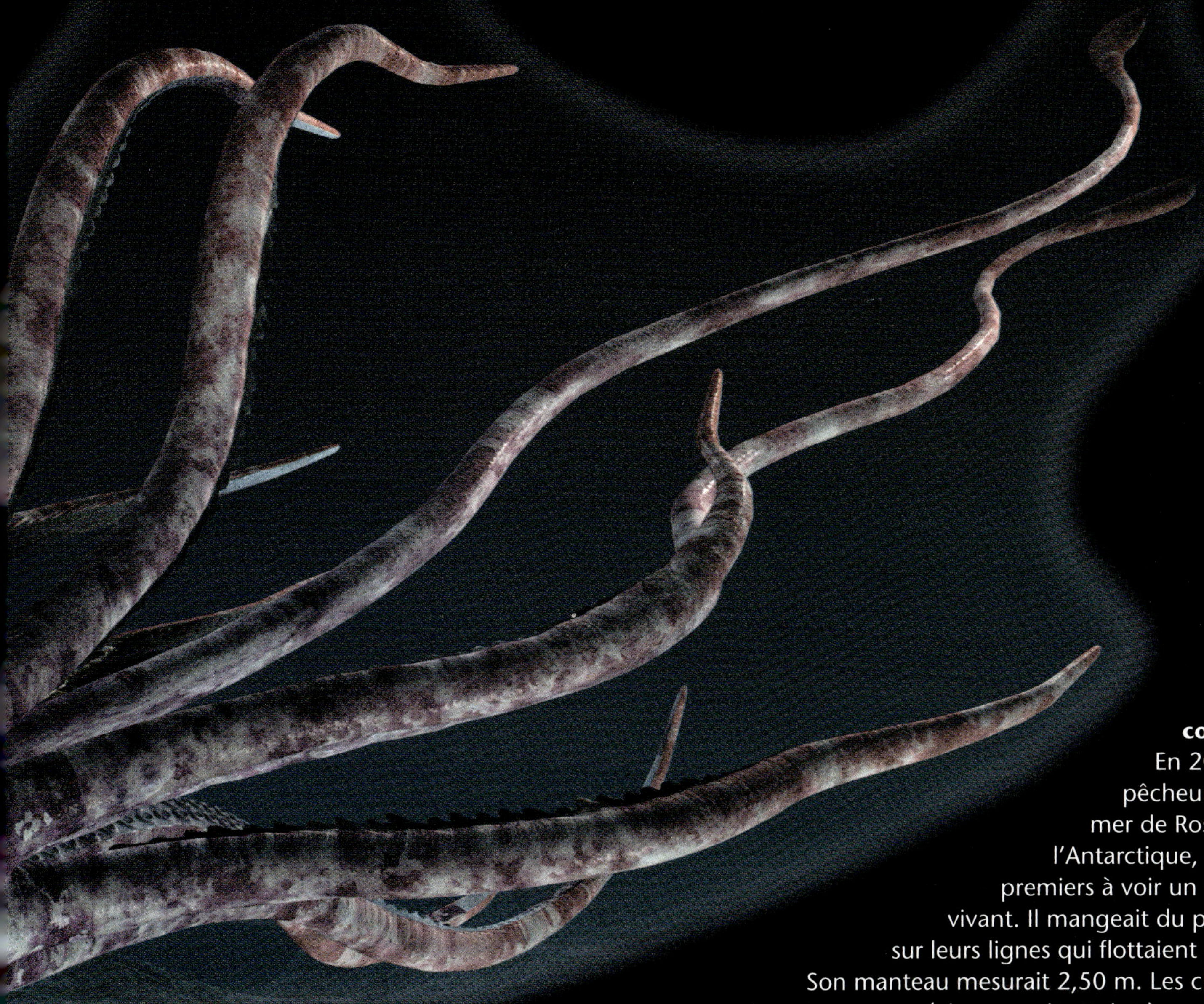

Le calmar colossal

En 2003, des pêcheurs, dans la mer de Ross, au large de l'Antarctique, ont été les premiers à voir un calmar colossal vivant. Il mangeait du poisson pris sur leurs lignes qui flottaient en surface. Son manteau mesurait 2,50 m. Les chercheurs estiment que ce spécimen avait atteint à peu près la moitié de sa taille adulte. Le calmar colossal peut donc devenir beaucoup plus grand que le calmar géant. Un énorme bec et des crochets pivotants à l'extrémité de ses tentacules complètent la description de cet animal effrayant.

Énormes et mystérieux

Les océans abritent une dizaine d'espèces de grands calmars de plus de 2 m, mais aucune n'atteint la taille du calmar géant ou du calmar colossal. Ces deux géants vivent dans les grandes profondeurs obscures des océans, et on ignore presque tout de leur vie mystérieuse. Personne ne les a jamais vus dans leur milieu naturel. On peut juste rassembler des indices à partir de récits de témoins ayant aperçu d'énormes calmars depuis leur bateau, ou de tentacules ramenés à la surface dans des filets de pêche ou rejetés sur le rivage. On sait que les cachalots chassent ces grands calmars, car on a parfois trouvé d'immenses tentacules dans leur estomac et des cicatrices en forme de ventouses sur leur peau. Certains chercheurs pensent que les baleines blessent ou tuent ces énormes calmars à l'aide d'un faisceau d'ondes sonores.

▼ Un chercheur examine l'œil d'un jeune calmar colossal pris en avril 2003. Jusqu'à ce jour, le calmar géant semble l'être vivant ayant les plus gros yeux – ils peuvent atteindre la taille d'une grande assiette. Personne ne connaît la taille de l'œil d'un calmar colossal adulte, mais il doit sûrement être immense.

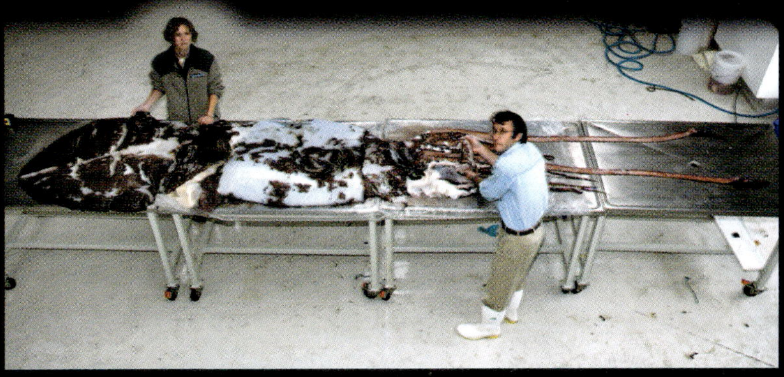

◄ Le crabe araignée du Japon est nommé ainsi à cause de ses longues pattes évoquant celles d'une araignée. Il vit jusqu'à 300 m de profondeur dans l'océan Pacifique, au large du Japon. Il se déplace lentement au fond de la mer et se nourrit de restes d'animaux ou de mollusques, de crustacés et de vers vivants.

Les monstres des mers

Les vrais monstres marins sont bien plus extraordinaires que ceux des histoires ou des légendes. Ceux que nous pouvons voir sur ces deux pages sont des invertébrés – des animaux sans squelette osseux interne – qui deviennent très grands dans l'océan grâce à l'eau salée. Les profondeurs de l'océan n'ont pas fini de nous révéler tous les secrets des géants qui les habitent.

Des mollusques gigantesques
Plusieurs invertébrés géants, comme la pieuvre géante et le bénitier géant, sont des mollusques, des animaux au corps mou souvent protégé par une enveloppe rigide. Les plus gros mollusques, les calmars géants *(lire pages 54-55)* et la pieuvre géante, sont aussi les plus grands et les plus intelligents des invertébrés. La pieuvre serait aussi intelligente qu'un chat ! Dépourvue de carapace, elle est très souple dans l'eau. C'est un chasseur rapide, muni de huit bras couverts de ventouses lui servant à avancer, à saisir ses proies et à combattre.

Une piqûre paralysante
Les tentacules de la plus grande méduse du monde, la crinière de lion, sont munis de dards venimeux et non de ventouses. Quand des proies (de petits poissons, du plancton ou même d'autres méduses) se retrouvent dans ses longs tentacules, ces derniers leur injectent un poison paralysant appelé venin pour les empêcher de s'enfuir pemettant à la méduse de les manger.

Les méduses ont été parmi les premiers animaux à vivre sur terre et sillonnent les océans depuis plus de 600 millions d'années. Aujourd'hui, il en existe au moins 200 sortes différentes ; certaines espèces miniatures ont la taille d'un ongle, d'autres sont géantes, comme la crinière de lion.

◀ La plus grosse pieuvre du monde est la pieuvre géante du Pacifique. Ses bras ont une portée de 2,50 à 4 m (le record est 9,60 m). La femelle a 280 ventouses sur chacun de ses 8 bras, soit 2 240 ventouses ! Pour protéger son corps mou, la pieuvre géante vit dans une tanière rocheuse et étend ses longs bras pour saisir des crabes, de petites pieuvres et des crustacés à l'extérieur.

▲ Les délicats tentacules incroyablement longs de la crinière de lion traînent sur plus de 30 m. Côte à côte, trois de ces énormes méduses aux tentacules complètement étendus correspondraient à la longueur d'un terrain de football ! Large de 2,30 m, le corps de la crinière de lion est petit par rapport à la longueur des tentacules.

Les plus longues pattes
Les crabes existent depuis très longtemps. La forme de base de leur corps est plus ou moins la même depuis plus de 200 millions d'années. Le plus grand crabe vivant est le crabe araignée du Japon. Ses pattes ont plus de 4 m d'envergure – c'est presque la longueur d'un minibus. Comme tous les crabes, il a 10 pattes, et non 8 comme les araignées.

Les crabes sont des crustacés, des animaux au corps protégé et soutenu par une carapace dure. Pour croître, ils doivent produire une nouvelle carapace plus large et muer, c'est-à-dire perdre l'ancienne. Comme les mygales de Leblond *(lire pages 22-23)*, les crabes continuent à muer une fois devenus adultes. Ils grandissent donc tout au long de leur vie et deviennent assez gros. Mais leur croissance est limitée, car leur carapace deviendrait si épaisse et si lourde qu'ils ne pourraient plus bouger, et, lors de la mue, leur corps fragilisé risquerait de se disloquer.

IMPORTANT À RETENIR ! LES GÉANTS DE L'EAU

Requin-pèlerin

Un soutien particulier
Les plus gros animaux d'aujourd'hui, comme le rorqual bleu, le requin-baleine et le calmar géant, vivent dans les vastes étendues océaniques. L'eau exerce une poussée verticale sur leur corps, soutenant leur poids énorme. (Lorsque nous nageons dans une piscine ou dans la mer, nous nous sentons plus légers dans l'eau.) Si ces immenses monstres marins quittaient l'eau, ils ne pourraient plus soutenir le poids de leur corps trop lourd, qui se désagrégerait lentement.

Un aliment fait pour les géants
Les plus puissants géants des mers mangent les plus petites créatures aquatiques. Elles constituent le plancton, souvent surnommé « l'herbe de l'océan » parce qu'il se situe au départ de la chaîne alimentaire, comme l'herbe sur terre. Une quantité incroyable de plancton dérive vers la surface de l'océan. Très énergétique, il permet à des animaux comme les requins-baleines d'acquérir une taille gigantesque.

De grands partenaires, de longues vies
Leur grande taille peut aider les géants de la mer à survivre et leur progéniture à croître : les plus gros mâles peuvent triompher de leurs rivaux et s'accoupler ; les femelles énormes ont plus d'énergie pour nourrir leurs petits. Une croissance rapide ou continue et une grande longévité permettent à ces derniers de devenir immenses.

DÉCOUVERTE +

... sur les mammifères marins, les requins et les tortues marines : www.gerardsoury.com/especes.html

... sur les baleines : http://baleines.etc.free.fr/index1.htm

... sur les amphibiens : http://animalia.nexenservices.com/V2/index.php?page=liste&cat=amphi

Planète mer, de Jean-Baptiste de Panafieu (Gallimard-Jeunesse, 2004)

Monstres marins, de Nelson Cazeils (Ouest-France, 1998)

Au fond des océans (Nathan, « Les clés de la connaissance », 2003)

L'écologue cherche à protéger l'habitat des espèces animales, à sauver les espèces rares, et à faire cohabiter les hommes et les animaux.

L'ichtyologiste est un biologiste qui a choisi de se consacrer à l'étude des poissons.

Le biologiste marin étudie les espèces marines et leur mode de vie dans leur milieu.

Le spécialiste des mammifères marins peut être éducateur, chercheur, dresseur d'animaux, biologiste sur le terrain, cinéaste.

L'océanographe étudie les océans.

La Ferme aux crocodiles
Les Blachettes
26700 Pierrelatte
Tél. : 04 75 04 33 73
www.lafermeauxcrocodiles.com/accueil.htm

Musée des Sirènes et Fossiles
BP8 place Marcel-Sauvaire
04120 Castellane
Tél. : 04 92 83 19 23
www.resgeol04.org

Marineland
RN 7
06600 Antibes
Tél. : 04 93 33 49 49
www.marineland.fr

Glossaire

abdomen Partie inférieure ou postérieure du corps d'un animal, abritant ses appareils digestif, reproducteur et excréteur (éliminant les déchets).

abysses Grandes profondeurs obscures de l'océan.

aérodynamique De forme effilée facilitant la circulation de l'air ou de l'eau autour de l'animal et lui permettant de se déplacer vite.

amphibien Animal vertébré à sang froid, comme la grenouille ou la salamandre, vivant sur terre et dans l'eau. Il a besoin de l'eau pour se reproduire et n'a pas la peau écailleuse.

animal à sang chaud Animal dont la température du corps est constante. Seuls les oiseaux et les mammifères sont des animaux à sang chaud.

animal à sang froid Animal dont la température du corps est la même que celle de son environnement.

appareil digestif Tubes et organes où la nourriture est décomposée pour être assimilée par le corps.

bactérie Forme de vie microscopique simple, unicellulaire.

bois Structures osseuses ramifiées poussant sur la tête d'un cervidé. Sauf chez les rennes, seuls les mâles en portent.

branchies Organe par lequel certains animaux aquatiques absorbent l'oxygène de l'eau.

camouflage Couleurs ou marques permettant à un animal de se fondre dans son environnement pour ne pas être vu.

carnivore Animal qui mange de la viande.

charognard Animal se nourrissant principalement de restes d'animaux morts.

chrysalide Stade végétatif du cycle de vie de certains insectes, durant lequel le corps de l'adulte se forme à l'abri d'une enveloppe protectrice.

coquille interne cornée (plume) Structure rigide qui soutient le corps d'un calmar et où s'attachent les muscles.

crête crânienne Structure osseuse saillante au sommet de la tête. Chez les ptérosaures, elle servait probablement à l'équilibre ou à la parade.

crustacé Animal invertébré vivant surtout dans l'eau et possédant une carapace, des pattes articulées et deux paires d'antennes.

défense Longue dent pointue sortant de la bouche du morse ou de l'éléphant, par exemple.

Anaconda étouffant un caïman

Papillon de la reine Alexandra mâle

dentine Substance dure formant la majeure partie des dents des vertébrés.

espèce Ensemble particulier d'êtres vivants pouvant se reproduire en s'accouplant.

exosquelette Carapace ou enveloppe corporelle résistante qui protège et soutient le corps. Beaucoup d'invertébrés – insectes, araignées, palourdes, crabes – et quelques vertébrés – tortues, hippocampes – ont un exosquelette.

extinction Disparition définitive de l'ensemble d'une espèce d'êtres vivants.

fanon Plaques frangées faites d'une substance osseuse, situées à la mâchoire supérieure des baleines à fanons, comme le rorqual bleu, le rorqual commun et le rorqual de Rudolphi. Au nombre de 250 à 400, les fanons permettent de filtrer l'eau et de retenir le krill.

forêt pluviale Forêt dense des régions équatoriales, chaude et humide toute l'année.

fossiles Vestiges d'êtres vivants préservés dans la roche.

frugivore Qui se nourrit de fruits.

habitat Milieu où vit un animal.

herbivore Animal se nourrissant de végétaux.

hibernation Période de profond sommeil, aidant certains animaux à survivre en hiver, quand la nourriture est rare.

ichtyosaure Reptile qui ressemblait à un dauphin et vivait dans la mer au temps des dinosaures.

insecte Petit animal invertébré à six pattes, au corps constitué de trois parties. La plupart des insectes ont des ailes et peuvent voler.

invertébré Animal dépourvu de colonne vertébrale.

isolation Élément limitant la perte de chaleur, comme la fourrure, les plumes ou le lard.

ivoire Type de dentine constituant les défenses d'animaux comme l'éléphant et le morse.

kératine Substance constituant les cornes, les cheveux, les ongles, la fourrure, les sabots, le bec des oiseaux et les écailles des reptiles.

krill Minuscules crustacés dérivant en larges bancs à la surface de la mer.

lard Épaisse couche de graisse entre la peau et les muscles des animaux marins comme la baleine, le phoque et l'ours polaire. Elle leur tient chaud et sert de réserve de nourriture.

mammifère Animal vertébré à sang chaud ayant des poils. Les mammifères respirent de l'air et allaitent leurs petits.

maniable Que l'on peut manœuvrer rapidement et avec souplesse.

manteau Membrane charnue recouvrant le corps des mollusques.

migration Voyage annuel effectué par certains animaux pour trouver un climat plus doux, de la nourriture ou un endroit pour se reproduire.

moelle Substance molle très nutritive qui remplit beaucoup d'os.

molaire Grosse dent du fond de la mâchoire d'un mammifère. Elle est munie de stries pour broyer les aliments.

mollusque Animal invertébré au corps mou souvent protégé par une coquille dure.

mue Processus consistant à se dépouiller d'une couche externe, par exemple de fourrure, de plumes ou de peau. Les animaux à exosquelette doivent muer pour croître, car l'exosquelette ne grandit pas.

période de reproduction Période de l'année où les animaux s'accouplent et ont des petits.

période glaciaire Période froide durant laquelle la glace couvre une grande partie de la surface terrestre. Il y en a eu plusieurs : la dernière s'est achevée il y a 10 000 ans environ.

périscope Instrument constitué de miroirs et d'un long tube permettant de voir par-dessus un obstacle.

pinnipède Groupe de mammifères marins rassemblant phoques, morses et otaries.

plancton Plantes et animaux microscopiques dérivant à la surface des océans et des lacs.

prédateur Animal qui chasse pour se nourrir.

processus vitaux Processus physiques communs à tous les êtres vivants comme se mouvoir, se nourrir, respirer, excréter, croître et se reproduire.

proie Animal chassé par les prédateurs.

protéines Substances chimiques présentes dans toutes les cellules d'un être vivant. Elles servent de matériau de base et contrôlent les processus chimiques à l'intérieur des cellules.

ratites Groupe d'oiseaux incapables de voler, sans bréchet (la crête osseuse du sternum des oiseaux volants à laquelle sont attachés les muscles) et aux plumes duveteuses dépourvues de barbes.

régions tropicales Parties du monde proches de l'équateur, où il fait toujours chaud.

reptile Animal vertébré à sang froid à la peau couverte d'écailles. Les reptiles se reproduisent à terre, surtout pour pondre leurs œufs. Les principaux groupes de reptiles actuels sont les serpents, les lézards, les tortues, les crocodiles et les alligators.

serpent constricteur Serpent qui s'enroule autour de sa proie qui, ne pouvant plus respirer, meurt étouffée.

serres Longues griffes acérées et recourbées servant aux oiseaux de proie (aigles) à tuer leurs proies.

siréniens Groupe de mammifères marins, également appelés vaches marines, au corps mou dépourvu de poils et aux membres antérieurs semblables à des pagaies. Il regroupe trois espèces de lamantins et une espèce de dugong.

submersible Petit sous-marin permettant de plonger à de grandes profondeurs.

tentacule Longue partie du corps flexible semblable à un bras, proche de la bouche de certains animaux, leur servant à saisir leurs aliments et à se mouvoir.

toundra Terre gelée des régions polaires, où il fait trop froid pour que les arbres poussent.

trachée Tube par lequel l'air pénètre dans le corps des invertébrés. Chez les vertébrés, la trachée est le conduit menant de la gorge aux poumons.

valve Structure s'assurant que le flux de sang s'écoule dans une direction et ne reflue pas.

venin Fluide toxique injecté par la morsure ou la piqûre d'animaux comme les serpents ou les méduses.

vertébré Animal ayant une colonne vertébrale ou une épine dorsale.

vertèbre Un des os réunis en une chaîne flexible formant la colonne vertébrale des vertébrés.

Un morse *(à droite)* et une otarie de Californie *(à gauche)* jouant ensemble

Index

Remerciements

L'éditeur remercie les personnes et organismes suivants pour leur autorisation de reproduction de documents. Tous les efforts ont été faits pour retrouver les détenteurs de copyright. En cas d'omission involontaire ou s'il n'a pas été possible d'identifier les détenteurs de copyright, l'éditeur s'en excuse et s'engage, s'il en est informé, à procéder aux rectifications nécessaires dans toutes rééditions à venir.

Légende : b = bas, c = centre, g = gauche, d = droite, h = haut

1re de couverture *(gauche à droite)* Brandon Cole/Nature Picture Library, Frank Lane Picture Agency/©Minden Pictures, Steve Bloom; 1 Roland Seitre/Still Pictures; 2-3 National Geographic Image Collection/Michael Nichols; 4 Silvestris Fotoservice/NHPA; 7 Frank Lane Picture Agency/© Minden Pictures; 8*hg* © John Sibbick; 8-9*c* © John Sibbick; 10*bg* M. & C. Denis-Huot/Still Pictures; 10-11*c* © Martyn Colbeck/Oxford Scientific Films; 11*hd* © Martyn Colbeck/Oxford Scientific Films; 12 Joel Sartore/National Geographic; 13 © Adrian Warren/Ardea.com; 14*bg* Whittaker/Frank Lane Picture Agency; 14*cg* and 15*bc* Mark Philips/Science Photo Library; 15*hd* © Nigel Dennis/NHPA; 15*bd* Bettman/Corbis; 16*hg* © Nik Wheeler/Corbis; 16-17*c* Roland Seitre/Oxford Scientific Films; 17*hd* Jurgen Freund/Nature Picture Library; 18*hd* © Gus Christie/Wild Images/RSPCA Photolibrary; 18-19*c* © Albert Visage/Frank Lane Picture Agency; 20*hg* © Nick Gordon/ARDEA; 20*bg* Natural History Museum, Londres; 20-21*c* © The Natural History Museum, Londres; 21*bd* Mark Moffet/Minden Pictures; 22*hg* © Tim Martin/Wild Images/RSPCA Photolibrary; 22-23*c* Oxford Scientific Films; 23*hd* ANT/NHPA Limited; 24*hg* Martin Harvey/NHPA; 24-25*c* Medford Taylor/National Geographic Image Collection; 25*hg* © Chris Hellier/Corbis; 25*hd* George Bernard/Science Photo Library; 26*hg* Mark Philips/Science Photo Library; 27 © Gerard Lacz/Frank Lane Picture Agency; 28-29 © John Sibbick; 30*bg* Ben Osborne/Nature Picture Library; 30*hd* Mary Evans Picture Library; 31*hd* © Wolfgang Kaehler/Corbis; 31*bd* Mark Bristow; 32*bg* James Carmichael/NHPA Limited; 32-33 M. Watson/Ardea.com; 33*hc* By Edward Julius Detmold, British Library, Londres, R.-U./Bridgeman Art Library; 34-35*b* Dietmar Nill/Nature Picture Library, *c* Frank Lane Picture Agency/© Minden Pictures; 35*hd* Stephen Dalton/NHPA Limited; 36*cg* © Premaphotos; 36-37*c* Oxford Scientific Films; 37*bd* Oxford Scientific Films; 38 J & A Scott/NHPA Limited; 39 Jurgen Freund/Nature Picture Library; 40-41 © John Sibbick; 42*bg* © Doc White/Seapics.com; 42-43*c* C. Neil Lucas/Nature Picture Library; 43*h* © Flip Nicklin/Minden Pictures; 44*hg* Brandon Cole/Nature Picture Library; 44-45*c* Fred Bruemmer/Still Pictures; 45*b* Brian Hawkes/NHPA Limited; 46 ANT/NHPA Limited; 47 J & A Scott/NHPA Limited; 48*hg* Clem Haagner/Ardea.com; 48*b* Ken Lucas/Ardea.com; 48-49*c* Daniel Heuclin/NHPA Limited; 49*hd* Staffan Widstrand/Nature Picture Library; 50*bg* Kev Deacon/Ardea.com; 50-51*c* Valerie Taylor/Ardea.com; 51*hd* © Douglas P. Wilson, Frank Lane Picture Agency/Corbis; 52*hg* © Flip Nicklin/Minden Pictures; 52*b* Ron Giling/Still Pictures; 53 © Richard Herrman/Seapics.com; 54*hg* Conrad Maufe/Nature Picture Library; 54-55*c* © Jurgen Ziewe; 55*c* © New Zealand Herald; 56*hg* Pat Morris/Ardea.com; 56-57*c* Jeff Rotman/Nature Picture Library; 57*hd* © Stuart Westmorland/Corbis; 58 Alan James/Nature Picture Library; 59 © Martin Wendler/NHPA Limited; 60 © Daniel Heuclin/NHPA Limited; 61 Joseph H. Bailey/National Geographic Image Collection; 64 Anup Shah/Nature Picture Library.

L'éditeur remercie John Sibbick pour ses superbes illustrations, David Burnie pour son assistance experte, Peter Denton du WWF pour sa patience et son efficacité, et, naturellement, Purple Carol pour sa créativité.

L'auteur désire remercier Vicky Weber pour son enthousiasme et son soutien tout au long de ce projet ambitieux.

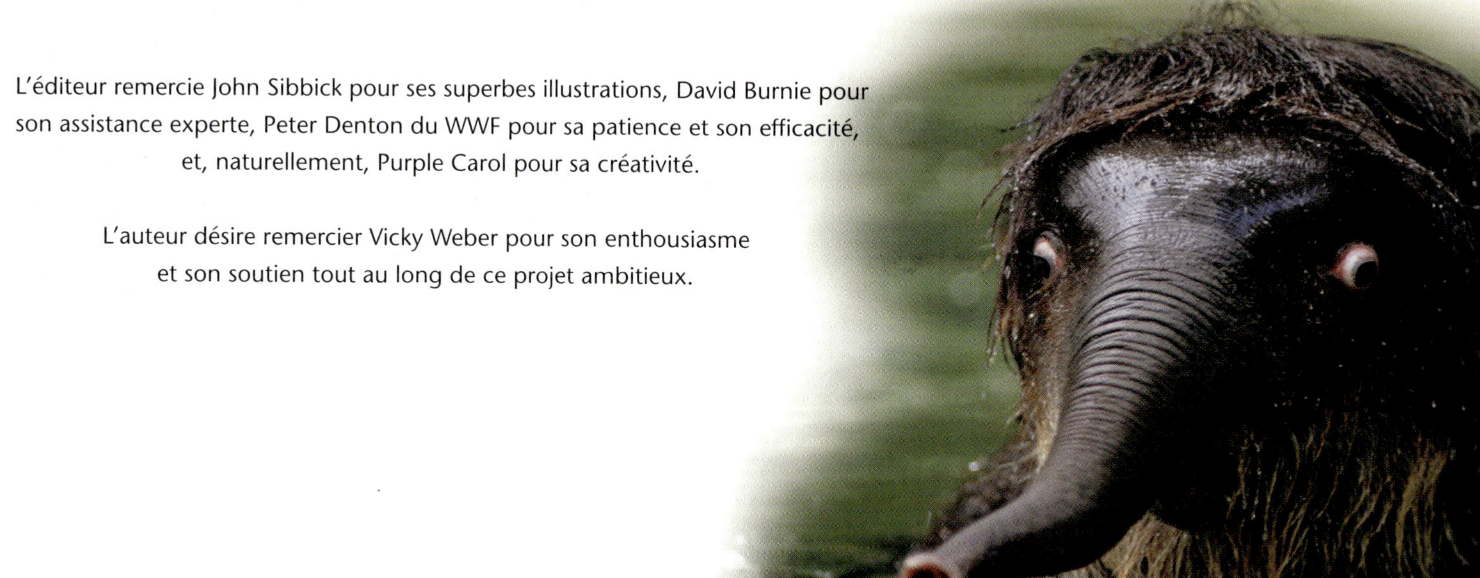